高校科研管理研究与实践

指导委员会　姜卫平　柯　涛　任晓舟　徐　箭　董甲庆
　　　　　　王　颂　乔　进　李四维　张利平　赵治乐
主　　　编　姜卫平　柯　涛
副 主 编　任晓舟　徐　箭　董甲庆　范　波
参　　　编　周舒毅　黄　琪　于　杰

武汉大学出版社

图书在版编目(CIP)数据

高校科研管理研究与实践/姜卫平,柯涛主编.—武汉:武汉大学出版社,2023.11(2024.12 重印)
ISBN 978-7-307-24078-0

Ⅰ.高…　Ⅱ.①姜…　②柯…　Ⅲ.高等学校—科研管理—研究—中国　Ⅳ.G644

中国国家版本馆 CIP 数据核字(2023)第 201571 号

责任编辑:陈　帆　　　责任校对:鄢春梅　　　版式设计:马　佳

出版发行:**武汉大学出版社**　(430072　武昌　珞珈山)
(电子邮箱:cbs22@whu.edu.cn　网址:www.wdp.com.cn)
印刷:武汉邮科印务有限公司
开本:720×1000　1/16　印张:10　字数:132 千字　插页:2
版次:2023 年 11 月第 1 版　　2024 年 12 月第 2 次印刷
ISBN 978-7-307-24078-0　　定价:52.00 元

目　　录

1

高校深化科技评价改革探讨

胡　艳

武汉大学中国南极测绘研究中心

摘要：本文针对国家大力开展科技体制改革背景下高校科技评价目前面临的一些问题，重点讨论自然科学领域科技评价体系建设和评价方法探索等方面的思路，希望从高校科技管理的角度探讨如何深化科技评价改革，为科技工作者创造更利于潜心科研的环境，使高校科技进步能为国家高水平科技自立自强贡献更大的力量。

一、科技评价改革现状

科技评价对科技创新具有重要的"指挥棒"作用。国家高度重视并统筹推进创新体系建设和科技体制改革工作，近十年进一步加大科技评价改革力度，出台了一系列指导性文件，包括《深化科技体制改革实施方案》《深化新时代教育评价改革总体方案》《关于深化项目评审、人才评价、机构评估改革的意见》《关于完善科技成果评价机制的指导意见》等，也包括教育部出台的《教育部关于深化高等学校科技评价改革的意见》等文件。改革目标是树立正确的科技评价导向，实施更精准的

1

分类评价，减少以往科技评价中的片面性因素，在评价体系建设中突出质量、贡献、绩效，激发科研机构和科研人员的创新创造精神，使科技资源配置更加高效，使科技进步更好地促进经济社会发展。相关文件精神已传达给了各个层级的科技工作者，得到科技工作者的广泛认同，改革工作取得了显著进展。

但由于长期形成的思想观念和认识差异，科技评价体系建设还不完备，评价方法科学性还有较大提升空间等原因，改革尚未完全达到广大科技工作者的预期，"破"和"立"的问题还未能得到很好的解决。高校在科技评价中未准确把握"破五唯"应该"破"到何种程度，"立"的进程也偏缓慢。开展科技人才评价时，学历仍然是普遍性标准，以论文为主导的情况在一定范围内仍然存在，将科研量化指标与绩效工资分配、奖励挂钩的现象仍然时有发生；开展项目评审和科技成果评价时，仍然过于看重科技人员的人才"帽子"，过于讲究论资排辈。以上问题导致部分优秀人才和优秀成果未能被准确评价，部分青年人才未被重视，部分科技人员在工作中仍然有功利化倾向，部分科技资源未能合理配置，这些都成为影响科技工作者科研积极性的不利因素。

高校如何进一步深化科技评价改革，推进和落实各项改革举措，还需要持续开展思考、研究和探索。

二、科技评价体系建设

高校需要根据科技活动和人才成长的规律，完善科技评价体系，纠正目前仅偏重短期绩效考核的方式，以利于科技人员选择长期、重大课题进行研究。要从重视师德师风评价，建立科学的人才评价机制，建立合理的科技成果分类评价机制，建立科研机构综合评价机制等多方面努力，多维度切入，多措并举，着力探索适用于高校的科技评价体系。在改革实践中，应逐步实现从行政性评价到专业性评价的转变，从单一化评价到多元化评价的转变，从注重量化指标到突出质量评价的转变。

（一）科研诚信机制建设

科研诚信监管体系建设不充分，若提高以定性为主的综合评价在科技评价中的比重，专家的主观评价较易受到人情社会、利益群体等影响，这是目前科技评价改革面临的主要问题。

高校应建立全面覆盖管理部门、科研机构、科研人员的科研诚信评价体系，制定规范的评议流程和异议处理流程，加强对评价过程的监督，增强对守信行为的激励措施和对失信行为的约束措施，大力弘扬科学家精神，进一步营造诚信为先、风清气正的科研环境。

高校应完善评审专家信誉制度，严格实行回避制度、定期轮换制度、专家公示制度、责任追溯制度，增强评审专家的荣誉感和责任感；同时有效防范和查处评议专家滥用学术权力的行为，保护被评审对象的知识产权。

（二）科技人才评价机制建设

部分高校在人才评价工作中积极改革，更加注重能力和业绩，建立了"绿色通道"等破格方式，强调人才称号的荣誉性和时效性。但在具体实施时还存在很多困难：既要确保政策有灵活性，又要防止评价标准不明晰，需要进一步改革和细化评价机制。

对不同岗位人员进行评价时应充分考虑岗位工作特点。比如对于专任教师从事的科研工作，科技评价应兼顾基础研究和应用研究的成果产出形式，并从专业角度确认哪些成果产出形式可作为评价依据；对于专业技术支撑系列人员从事的技术开发工作，科技评价要突出协同创新能力和对团队的服务贡献，以及同行专家的认可度。

对个体评价时应兼顾学科团队整体，以利于促进团队交流合作，更好地开展有组织科研。同时允许实行学科团队的个性化绩效评价，解决以往直接评价教师个体的过程中存在的偏重定量评价、不能体现学科差异等问题，使评价重心下移，提高评价的精准性。

对"人才头衔"科研人员和新进青年科研人员应同等对待。一般来说科研人员取得人才称号，需要一定时间的科研积累。如果过于看重"人才头衔"等评价结果，与资源分配过度挂钩，势必导致科研人员投入大量精力和时间申请人才称号，不利于其专注做科研。而新进的博士后、教师等青年科研人员往往比已取得人才称号的科研人员更需要支持和投入。高校应综合评价青年科研人员的发展潜力，给予他们相对宽松的环境和合理的资源配置，帮助他们启动科研之路，使他们能坚持自由探索，找到适合的科研目标和方向。

(三) 科技成果评价机制建设

以往科技成果评价问题之一是评价过多、过繁。项目申报评审及项目中期、结题评审等评审流程大量增加；科技评奖数量过多，奖项良莠不齐……在这样的形势下，高校科技工作者热衷于争取项目和经费，拼凑成果申报奖励，难以安心科研。

在科技评价改革过程中，国家要求评价成果不要仅仅看数量，更要看成果的创新水平、转化应用绩效和对经济社会发展的实际贡献，即强调影响力评价。国家科技奖励评审采取了优化奖励评审标准，缩减科技奖励数量，将"推荐制""申报制"改为"提名制"等一系列改革举措。国家在科研经费管理上的改革也对推进科技评价改革起到了积极作用，降低了部分科研人员有科研项目就申报的动机，弱化了在科技评价方面"唯项目"的倾向。改革方向受到社会各界的认可，但还没有完全到位，在项目实施和完成度方面还应当提高要求。

高校在科技成果评价中应落实国家指导意见的要求，纳入评价体系的科技指标必须要凸显其高水平、代表性和影响力。高校要以实际需求为导向，引导建立"各得其所、各尽其能"的科研配置机制，让科技工作者回归科研，提升成果质量。例如武汉大学于 2016 年、2019年、2021 年多次修订和完善科研成果奖励办法，激励科技工作者产出高水平成果。

(四) 科研机构评价机制建设

国家和业务主管部门对各级科研机构建立了比较完善的考核评估机制。高校也加大了对科研机构的考核评估力度，但在差异化评价方面还存在一些问题。

高校对科研机构开展考核评价时除了将高质量的科研业绩纳入评价体系外，还要进一步强化过程评价，将创新平台、人才培养、学术影响力、国际化水平、产学研融合、发展潜力等指标纳入评价体系，重点体现科研机构持续提升科研水平的能力，实现高质量增长的能力和调动全员参与科研的能力。

同时也需要根据科研机构自身的特点，设置不同的评价指标权重，使科研机构全面和充分展示其建设情况和发展特色。目前公认的世界一流水平的科研机构也都是在某个或者某些方面超越了大多数同类机构，无法做到全方位领先。因此，对科研机构的评价，应该是有侧重的、差异化的评价，以合理的评价机制促进科研机构高质量、可持续发展。

三、科技评价方法研究

目前部分高校加快探索科学评价方法，建立多元化分类评价体系，引导科研人员服务国家重大需求，在完善同行评议制度、强化中长期评价考核、引入团队考核制度等方面形成了部分可借鉴经验，但也仍然需要进一步研究和不断完善科学的评价方法。

（一）定量评价和定性评价相结合

定性与定量结合，是获得科技工作者认可的评价方式。定量评价是定性评价的重要依据，定量指标能够帮助评审专家掌握足够的信息，形成更充分的意见。定性评价主要是综合性评价，其评价主体一般是同行专家，往往存在一定的主观性。在科技评价实践中，定性与定量指标权重容易失衡：有时简单用定量评价代替整体评价，有时完全依赖权威专家的定性评价。

科技评价中过度看重定量指标，一方面出于对定性评价中人为因素的担忧，另一方面也是由于管理人员管理思维"简单化"。但如果过度偏重定性评价，又势必会产生极大的评价工作量，对专家的评审精力和评审能力也是一种巨大考验。因此，高校应注重采取更科学的手段研究定性与定量结合开展科技评价的方式，引入云计算技术和大数据技术等，使评价工作更加精细化，并在反复实践中找到平衡点，保证评价结果的公平性和公正性。

（二）坚持和细化分类评价

高校在科技评价中应尊重科学规律，尊重学科差异，结合发展现状和目标，实行科学合理分类。针对不同的评价对象，不同类型科学活动的特点，在评价内容、评价方式、评价过程、评审专家选择、评价结果表现形式等方面都应有所不同。例如，可以按照教学、科研、教学科研并重、实验支撑、社会服务等岗位类别和学科特点对科研人员进行分类评价；按照基础研究、应用基础研究、应用研究等研究性质类别对科研成果进行分类评价；按照面向国家需求、行业应用、社会服务等功能定位类别对科研机构进行分类评价。

在这些大类之下还可以根据科技评价的需求进行细分。例如自然基金委在项目评审时，按"鼓励探索，突出原创；聚焦前沿，独辟蹊径；需求牵引，突破瓶颈；共性导向，交叉融通"四类科学问题进行分类评审。包括武汉大学在内的部分高校在职称评审中设置单独的国防科研类别，实行适合国防科研要求的评价标准，这些都是从实际需求出发进行的科技评价改革探索。

(三)实施代表作评价制度

实施代表作评价制度有助于扭转重数量、轻质量的科研评价倾向。但代表作评价制度也存在缺乏宏观评价视角，不适用于跨学科、跨类型比较评价，对科研机构进行评价时不够全面性等问题。

代表作的数量和类型需要根据评价对象、评价目的来确定，才能体现评价的准确性。在2020年科技部《关于破除科技评价中"唯论文"不良导向的若干措施(试行)》中提出，要根据科技活动特点，合理确定代表作数量，并对项目评审、机构评估、人才评价、成果评奖等不同目的评价所提交代表的数量作了限定。这些措施给出了方向性引导，但其在各类评价中的适用性还有待通过实践进一步验证。武汉大学试行在充分考虑学科差异性的基础上由各学科自主确定代表性成果目录的措施，给予各学科一定的代表作评价自主权，为破除代表性评价制度的局限性作出了积极的探索。

(四)优化同行评价

深化科技评价改革需要坚持将同行评议作为基础方式和基本手段。目前部分评议专家在同行评价中不能正确理解科技评价导向，在各类评审评价活动中仍看重"五唯"指标；部分学术组织在科技评价中发挥作用有限，在评价时"走程序，没有发挥实质性作用"。

高校应营造良好的同行评议生态环境，鼓励科研人员积极参与同行评议工作，增强同行评议专家的荣誉感和成就感；加强对同行评议专家的学科领域细分，完善对专家研究领域和学术特长的描述，提高同行评议专家遴选的科学性和精准性；灵活采用通信评议、会议评议、通信评议兼会议评议等多种同行评议方式，完善评议规则和流程，建立配套的申诉复议制度，确保评议结果科学、准确、客观。同时，通过简单高效的培训，加强评议专家在各类评议工作中对评议程序、规则和方法的理解，提高评议专家的科技认知度和判断力。

深化科技评价改革需要长期的坚持，未来仍将是我国科技体制改革的重点。高校必须紧跟时代步伐，加强科技创新，从体系建设和方法研究方面加快科技评价改革探索和实践，为建设创新型国家和世界科技强国提供有力支撑。

◎ 参考文献

[1]李佳莹，魏鹏，张仪帆，田德录.关于推动科技评价改革落实的思考[J].科技中国，2023(2)：32-36.

[2]徐芳，李晓轩.科技评价改革十年评述[J].中国科学院院刊，2022，37(5)：603-612.

[3]肖妍.国际上同行评议典型做法及对我国的启示[J].数字图书馆论坛，2022，1：68-72.

[4]宋敏，杜尚宇，解悦.高校科技评价改革的主要问题与对策[J].中国高校科技，2021(S1)：64-66.

[5]俞立平，张矿伟，蒋长兵.推进代表作评价存在的问题与对策研

究[J]．情报学报，2021，40(4)：345-353．

[6]李志民．积极开展人才评价改革促进高等教育内涵式发展[J]．黑龙江教育·教育与教学，2021，5：7-8．

[7]王涛，蔡小培，陈南，师海．新时代高校科技评价体系构建路径[J]．中国高校科技，2021(S1)：57-60．

[8]王东兴，姜伟强．科技评价的重要性及其引领科技创新发展的作用探讨[J]．科技创新，2021，6-7．

基于高校招聘信息的人才学术评价趋势分析①

李 平

武汉大学图书馆

摘要： 随着新时代教育评价改革与科技人才评价改革的开展，人才评价导向的变化影响着高校人才招聘过程，而高校教师招聘要求的变化也反映了人才学术评价的改革趋势。通过网络调查法与内容分析法，本文调查了《关于开展科技人才评价改革试点的工作方案》中的 9 所高校及附属机构，发现其人才招聘过程中涉及的人才评价标准主要涉及年龄、学历、学术水平、道德师风、工作经验、教学能力、同行评价、学术潜力等方面，并分析得出我国人才学术评价呈现了探索分类评价、定量与定性相结合、克服"唯帽子""唯论文"倾向及重视师德师风与教学能力的趋势。

---

① 本文系 2022 年度武汉大学图书馆青年馆员科研引导基金项目"新时代教育评价改革背景下顶尖科技人才成果评价机制研究"（项目号：2022-GZ-03）研究成果之一。

引　言

全球创新型科技人才竞争日趋激烈，近 40 年来我国研发人员队伍持续扩大并于 2016 年居世界首位。①随着科研人员数量不断增加，结合时代背景与全球环境，健全中国特色的教育评价体系、追求更科学的教育评价导向势在必行。2020 年 2 月，教育部、科技部印发《关于规范高等学校 SCI 论文相关指标使用 树立正确评价导向的若干意见》；同年 10 月，中共中央、国务院正式发布《深化新时代教育评价改革总体方案》，将"破五唯"写入文件，要求"坚决克服唯分数、唯升学、唯文凭、唯论文、唯帽子的顽瘴痼疾"，并针对高校教师科研评价提出"重点评价学术贡献、社会贡献以及支撑人才培养情况……坚持分类评价，推行代表性成果评价，探索长周期评价"。②此后，系列职称改革指导意见出台，为高等学校人才学术评价改革提供具体支持。2022 年，科技部等八部门印发《关于开展科技人才评价改革试点的工作方案》的通知，通过改革试点探索科技人才的评价指标和评价方式。③

"有什么样的评价指挥棒，就有什么样的办学导向"，具体到高校人事工作，有什么样的人才评价指挥棒，就有什么样的人才招聘要求。当前，我国关于高校教师招聘的研究主要集中于公开网络招聘过程中存在的困境，其中，评价标准简单粗放是相关文献提及较多的困境之

---

①　刘琦岩. 以自主创新不断增显中国道路的内涵和特色：我国科技改革开放 40 年的探索和实践[J]. 全球化，2017(11)：18-31.

②　中华人民共和国教育部. 中共中央、国务院印发《深化新时代教育评价改革总体方案》[EB/OL]. http://www. moe. gov. cn/jyb_xxgk/moe_1777/moe_1778/202010/t20201013_494381. html.

③　中华人民共和国中央人民政府. 科技部等八部门印发《关于开展科技人才评价改革试点的工作方案》的通知[EB/OL]. https://www. gov. cn/zhengce/zhengceku/2022-11/10/content_5725957. htm.

一：杨春霞等通过分析海内外高校高层次人才网络媒体平台招聘现状，发现国内高校招聘高层次人才主要侧重于文章的数目、获得奖项、承担的科研项目等量化指标的评价，而缺乏对候选人的同行评价、教学和科研规划等软实力及科研发展潜力的系统评价；① 易连云②、任初明③等通过调查分析均认为，当前高校教师招聘"出身论"现象严重，缺乏科学的评价机制；闫斐则分析表示，高校人才招聘考察时间跨度较短，对应聘者学术潜力、性格气质、从教态度、团队协作、心理素质及师德师风方面的考察较少。④ 然而，自上而下的教育评价改革导向对高校人才招聘提出了新的要求，《深化新时代教育评价改革总体方案》促使高校的人才招聘由只关注应聘人员的学历和科研成果向人员与岗位相适应转变，且会加强人才的政治与教学能力把关。⑤

高校教师招聘深受学术评价体系影响意味着高校教师招聘要求的变化也反映了人才学术评价的改革趋势。当前关于人才学术评价的研究更多聚焦于在理论层面探究如何"破五唯"、构建更为科学和现代的评价体系，而关于近几年学术评价体系在实践层面已有的变化研究则相对空白。本研究通过收集具有代表性的高校近年网络公开的教师招聘信息，分析其背后反映的高校人才评价最新特征及趋势，为进一步开展高校人才学术评价相关的理论研究以及高校教师招聘实践提供参

① 杨春霞，周刚. 高校高层次人才网络招聘宣传中的问题及对策[J]. 科教导刊(下旬)，2015(33)：19-20，37.
② 易连云，赵国栋，毋改霞. 高校教师聘任的"出身论"现象研究——对百所"985"、"211"院校的调查[J]. 重庆大学学报(社会科学版)，2013，19(5)：173-177.
③ 任初明. 透视高校教师招聘中的"出身论"现象[J]. 教育探索，2012(2)：70-71.
④ 闫斐. 高校人才招聘工作的若干思考[J]. 教育教学论坛，2019(18)：9-10.
⑤ 邵雨辰. 新时代教育评价改革对于高校人才招聘的影响分析[J]. 中国轻工教育，2021，24(5)：62-66.

考借鉴。

一、数据来源与研究方法

通过网络调查法和内容分析法，选取《关于开展科技人才评价改革试点的工作方案》(以下简称《试点方案》)中的 9 家高等学校或高等学校附属机构作为研究对象(表 1)，收集并分析其 2023 年的招聘相关信息。一方面，《试点方案》选取的试点高等学校或高等学校附属机构，通常建有国家科技创新基地，承担国家科技任务多，示范效应较好，有较好人才评价基础；另一方面，可以预见试点期间相关机构的学术评价会出现显著变化，以实施试点后的 2023 年作为分析时段研究相关机构的招聘需求变化具有现实参考意义。

表 1　调查样本

序号	高等学校或高校附属机构	序号	高等学校或高校附属机构
1	清华大学	6	西南交通大学
2	北京大学	7	江南大学
3	浙江大学	8	四川大学华西临床医学院
4	北京邮电大学	9	哈尔滨工业大学
5	西安电子科技大学		

通过访问学校人才招聘网页，排除和筛选剔除研究效用较小的数据后，笔者共收集 9 所样本高校 2023 年发布或近年发布但 2023 年仍持续有效的 213 条招聘信息。通过 Excel 工具，结合定量与定性分析，对同一院校招聘要求相似的招聘信息进行合并，最终保留 135 条招聘数据作为分析文本。本研究中，高校招聘信息主要针对学院教师岗位招

聘，辅导员、行政管理及实验技术等管理、支撑与教辅系列教职工招聘并未纳入信息整理范围。

二、基于高校招聘信息的人才学术评价趋势分析

(一)高校教师招聘中的人才评价维度

通过整理归纳 9 所试点高校当前的 135 条招聘信息，发现其人才招聘主要分为两种形式：一种由学院各自发布人才引进及招聘信息，学院之间存在显著差异，以清华大学、北京大学、浙江大学及西南交通大学等为代表；另一种为学校按照拟引进人才类型，统一发布校级人才引进及招聘要求并提供学院联系方式，以北京邮电大学、西安电子科技大学及江南大学等为代表。

当前，高校人才招聘过程中涉及的人才评价标准主要包括年龄学历、学术水平、道德师风、工作经验、教学能力、同行评价、学术潜力等方面(表2)；应聘所需材料主要包括个人简历及申请、学术成果、研究或教学计划及专家推荐信等。

表 2

评价维度		提及比率	文本示例(高校/附属机构序号)
年龄学历	年龄	60.00%	"在同年龄段国内同行中名列前茅，达到同年龄段国际同行的前列水平"(1) "欢迎任何国籍的学者申请，年龄不限"(2) "理工科年龄原则上不超过 40 周岁，文科年龄原则上不超过 45 周岁"(7) "年龄一般不超过 35 周岁"(2、9)

续表

评价维度		提及比率	文本示例(高校/附属机构序号)
年龄学历	学历	83.70%	"获得相关学科的硕士及以上学历"(1) "具有博士学位"(1、2、6、9) "一般应取得博士学位"(7) "在国内外著名大学获得博士学位或进行过博士后研究"(2) "海内外知名大学博士学位和博士后经历"(2、6) "具有博士学位,本科和研究生阶段原则上均为重点大学毕业,条件优秀者适当放宽"(6)
学术水平	研究成果	65.19%	"能够提供证明学术水平和学术潜力的相关材料,如论文、论文引用、获奖、专利、专著等"(1) "具有优异的研究成果"(2) "在超冷原子实验方面取得较优秀的研究成果"(2) "在科学研究方面取得突出学术成果"(4) "已取得突出创新成果"(5) "研究成果较为突出"(7)
	学术影响力	22.96%	"在所属学科领域具有国际引领地位和影响力"(1) "有较高的知名度和影响力"(2) "在相关领域取得系统性、创造性成就,作出重大贡献,具有广泛的国际学术影响力"(3) "研究领域处于世界学术前沿,具有世界一流学术水平的专家学者和具有国际学术影响力的战略人才"(7)

评价维度		提及比率	文本示例(高校/附属机构序号)
道德师风	道德师风	29.63%	"师德师风良好,有良好的职业道德"(1)
			"个人思想政治和师风师德自评报告"(2)
			"具有正确的政治方向,良好的职业道德"(3)
			"学风端正、治学严谨、道德高尚、为人师表,身体健康,热爱教育事业,遵守职业道德规范"(6)
			"具有良好的思想道德、科研品德和职业素养,爱岗敬业,遵纪守法"(8)
工作经验	职级职称	17.78%	"具备教授或相应职称"(1)
			"具有国内外知名高校或研究院所的教授/研究员职称"(2)
			"已在海内外高水平担任长聘-预聘教职人才,或学科评估为 A 及以上 C9 高校和学科评估为 A+的国内其他'双一流'高校担任副高及以上职务的教师"(3)
			"一般在海内外知名高校、科研院所、国际知名企业受聘正教授或担任相当职务"(4)
			"在国内外著名高校、科研机构担任相当于教授及以上职务"(5)
	相关经验	11.85%	"具有组织航空发动机重大项目经验者优先"(1)
			"结构强度方向至少 10 年相关工作经验或航空发动机及相关行业高级职称"(1)
			"具有优秀的工程技术研究能力、工程技术研发组织协调能力和丰富的工程实践应用经验"(3)

续表

评价维度		提及比率	文本示例(高校/附属机构序号)
教学能力	教学能力	61.48%	"热爱教学和学生培养工作"(1) "较强的教学能力"(6) "主要教学、科研成绩,承担的科研项目、专利及获奖情况等"(9)
同行评价	同行评议	31.85%	"在相关学科领域取得国内外同行公认的突出成绩"(1) "在相关专业同年龄段学者中表现杰出,同行评议出色"(2) "在其研究领域获得国际同行认可的学术成就"(3) "在科学研究方面取得国内外同行公认的重要成就"(4) "取得同行专家认可的科研或技术等成果"(9)
	推荐信	40.74%	"建议附上博士导师、博士后合作导师、独立专家等人员的推荐信"(2) "提供三封同行专家推荐信(海外应聘者,须有两封及以上海外同行专家推荐信),推荐人应是本领域知名专家"(3)
学术潜力	学术潜力	37.04%	"学术发展潜力突出"(1) "创新发展潜力大"(4) "学术发展潜力大"(6) "具有领跑、开拓的能力或潜力"(9)

表 2 反映当前走在我国科技人才评价改革试点前沿的高校在引入优秀人才过程中较为重视的客观及主观评价角度。定性评价方面，主要包括学术水平、道德师风、教学能力、同行评价和学术潜力；定量评价方面，主要包括学术人才的年龄、学历、成果指标和工作经验。

整体而言，学历与年龄、研究成果、教学能力仍为招聘过程中较多明确提及的门槛，而其他要求则相对柔性。值得注意的是，已有试点高校尝试抛弃"出身论"从而"不拘一格降人才"，例如北京大学科维理天文与天体物理研究所在招聘助理教授/预聘副教授/长聘副教授/教授等岗位时明确提出"欢迎任何国籍的学者申请，年龄不限"，清华大学部分院系选择对比应聘者在同龄人中的学术水平而非限制具体年龄。但或许考虑到各类基金及"帽子"人才申请所涉及的年龄要求及其他因素，仍存在部分高校限制应聘学者求学经历中的院校层次及具体年龄。

(二) 基于高校招聘要求的人才评价趋势

结合相关文献中分析的此前我国科技人才评价中存在的问题，分析试点机构的 135 条招聘信息可以总结出当前我国人才学术评价存在以下趋势。

1. 坚持探索分类评价

一方面，院校在招聘教师的过程中，根据其未来主要职责的不同划分系列进行评价。例如，北京大学各院系招聘过程中按照教研系列、研究技术系列与教学系列分列条件，生命科学学院研究技术系列主要考量研究者的研究成果及英文会议交流能力，其教研系列则要求能胜任相关学科的教学工作。另一方面，不同学科招聘要求的差异反映了学科人才的分类评价。例如，浙江大学氢能研究院要求"研究工作体现中国特色，在'大、难、新'重大工程中做出公认的、具有原创性的工程技术创新成果，主持领导过国家重大工程或国家"卡脖子"关键技术工程项目，研发出有行业影响力的产品或取得业界认可的代表性成果，产生重大的经济、社会效益"，肯定技术及应用型人才价值；北京大学歌剧研究院招聘要求有丰富的国内外歌剧舞台表/导演经历而非仅承认论文等研究成果。

2. 定量与定性相结合

当前高校招聘要求及所需材料表明，高校人才学术评价从人才引进环节已经开始采用定量与定性结合的评价方法。一方面，学者在同行中的认可程度被视为重要标准，约32%的招聘文本提到了"同行公认""同行专家认可"和"同行评议"，其中北京大学数学科学学院要求参照 Tenure 评估要求对长聘职位申请者的材料外送同行评审。另一方面，各院校要求的申请材料表明代表性成果评价制度逐渐普及，学者的科研成果定量指标与代表作分量均被纳入考虑。多所院校要求，受聘者不仅应提供完整的学术成果列表，且需要提供规定数量的代表作全文(通常不超过 3 篇或 5 篇)。

3. 克服"唯帽子""唯论文"倾向

早期，一些高校人才引进要求中直接注明"帽子"门槛，如调研中某高校 2021 年发布招聘杰出人才公告时要求"一般为中国科学院院士、中国工程院院士、发达国家科学院或工程院院士、'诺贝尔奖'或'图灵奖'等国际权威奖项获得者等"，而近期发布的招聘要求中较少见此类要求，多为类似"国际知名学者，具有优秀的管理能力，能带领团队并围绕国家重大需求在重点领域开展国际一流水平的科学研究"的关于学术潜力与影响力的抽象描述。不论实际评审过程中"帽子"获得者是否更具有优势，人才招聘准入要求上的变化给予了非"帽子"人才更多的机会。而在克服"唯论文"方面，专利、项目开发经历、科技企业管理能力、产品社会效益等非论文成果在招聘要求中也逐渐与相应的论文获得等价认可。

4. 重视师德师风与教学能力

《深化新时代教育评价改革总体方案》指出，"坚持把师德师风作为第一标准，坚决克服重科研轻教学、重教书轻育人等现象"①，对高校人才评价导向提出明确要求。事实上，样本中约61%的招聘岗位将教学能力列入招聘要求，考虑到其中部分岗位为纯科研岗位，其实际比例应高于61%。此外，试点高校中北京大学明确要求应聘学者提供个人思想政治和师风师德自评报告，反映出重视师德师风与教学能力的趋势。

三、结　　语

随着新时代教育评价改革与科技人才评价改革的深化，已有部分走在改革前沿的高校在人才招聘环节作出改变。而且，相较于职称评定等环节，人才招聘信息更具有公开性及引导性。本研究通过调查分析《试点方案》中9家高等学校或高等学校附属机构的近期招聘信息，发现其人才招聘过程中涉及的人才评价标准主要包括年龄、学历、学术水平、道德师风、工作经验、教学能力、同行评价、学术潜力等方

---

① 中华人民共和国教育部. 中共中央、国务院印发《深化新时代教育评价改革总体方案》[EB/OL]. http://www.moe.gov.cn/jyb_xxgk/moe_1777/moe_1778/202010/t20201013_494381.html.

面，并分析得出我国人才学术评价呈现了分类评价、定量与定性相结合、克服"唯帽子""唯论文"倾向及重视师德师风与教学能力的趋势。希望此研究能为人才学术评价相关理论研究提供参考，并为高校深化人才评价改革、优化人才招聘机制提供借鉴。

基于用户体验和科研诚信行为规范的高校附属医院论文管理服务优化

丁　路　郭中强

武汉大学中南医院科研处

摘要：国家三部委出台《关于印发医学科研诚信和相关行为规范的通知》对医院科技论文管理提出了新要求。论文的信息化管理依赖于功能完备的论文管理系统以及具有专业素质的科管人员。武汉大学中南医院论文管理系统于2018年投入使用，并于2021年3月至7月基于用户体验和科研诚信行为规范要求进行系统优化。此次优化在简化科研人员操作流程和规范论文管理中找到了平衡，且更强调原始数据管理。希望在科研工作者和科技管理人员的共同努力下，论文发表日趋规范，实现医院科研工作的高质量可持续发展。

引　言

学术论文是科学研究的产物，是医院职工考核、晋升、人才选拔的参考指标，也是医院科技影响力的重要体现。根据国家有关部委近年来对论文发表相关科研诚信行为提出的要求，武汉大学中南医院论文管理流程也随之调整。2021 年 1 月，国家卫生健康委、科技部、国家中医药管理局三部委联合出台《关于印发医学科研诚信和相关行为规范的通知》，对医院论文管理提出了明确的要求，包括建立论文发表诚信承诺制度、科研过程可追溯制度、科研成果报告制度等。因此，科研管理部门实施科研监管需要贯穿学术活动的全过程①，武汉大学中南医院确立了论文投稿登记—发表登记—版面费报销的论文管理流程。

一、论文管理工作的现状和问题

论文管理流程"三部曲"的实现有赖于论文管理系统的功能设置。论文管理系统既要满足医院科研管理部门实时掌握医院论文发表情况、进行论文管理的需求，也要方便医院科研人员进行论文登记、了解自己某一时间段内的论文发表情况的需求。② 医院科技论文管理还有其特殊性，一方面，医务人员临床工作强度大，鲜有空余时间；另一方面，参与系统录入的人员种类多，包括科研秘书、研究生、医护人员、专职科研人员等，这就要求科研系统设计合理，便于使用。科研管理系统的便捷性、科学性、联动性将为科研人员减压，提升工作效率。③ 许多高校、医院在建立科研管理大数据平台方面进行了初探。④

武汉大学中南医院论文管理系统于 2018 年投入使用，经过数次系统优化，在院内已有很高的普及率和知晓度，但用户体验满意度仍然

---

① 刘玲，方金鸣，张庆华，等. 科研监管的程序规制在医院临床论文发表中的实践与思考[J]. 中国医药科学，2021，11(22)：196-200.

② 陈思思，李建新，杨晓凯. 医院科研管理角度下的学术论文管理系统的开发[J]. 办公自动化，2021，26(16)：24-26.

③ 金艳楠. 开放大学科研管理信息系统发展现状及展望[J]. 内蒙古电大学刊，2021(3)：109-112.

④ 杜倩，谷月. 基于大数据背景下高职院校科研管理初探[J]. 数字技术与应用，2021，39(4)：222-224.

较低。尽管医院科研管理部门近年来持续加大科研诚信教育，宣讲论文发表的规范流程，但仍有科研人员对论文投稿前备案、论文发表后的发表登记表示抗拒，认为发表论文是个人的事，与单位无关。基于以上现状，武汉大学中南医院论文管理服务根据用户体验和科研诚信行为规范进行了优化。

二、用户政策知晓度及使用体验调查

2021 年 6 月，我们共发放关于论文全过程管理的调查问卷 174 份，收集问题和建议，调查问卷结果显示，武汉大学中南医院作为研究型教学医院，发表论文的人员类型复杂，包括医药护技、研究生等，主要集中在医师和研究生(表 1)。在投稿登记、发表登记、版面费报销政策的知晓度方面表现尚可(图 1)，但在政策执行层面还需加强，约半数的被调查人员对整理论文原始数据、杂志社往来邮件等有畏难情绪(表 2)。被调查者提出的其他论文成果登记操作难点则包括：院外VPN 登录操作繁琐；系统中填写信息过多；项目负责人、科主任工作繁忙难以亲自审批；提交后无法撤回，只能联系工作人员修改，等等。论文投稿登记方式选择方面，约一半人选择论文管理系统上传(图 2)。

表 1　参与问卷调查的人员基本信息

人员类别	人数	占比(%)
医师	73	41.95%
护士	14	8.05%

续表

人员类别	人数	占比(%)
药师、技师	7	4.02%
科研秘书	3	1.72%
研究生	68	39.08%
其他	9	5.17%

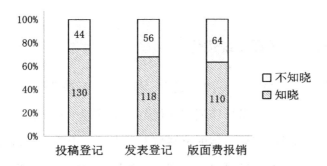

图 1　投稿登记、发表登记、版面费报销政策知晓度统计

表 2　论文成果登记操作难点统计

操作难点	人数(占比)
论文管理系统登录(不知道用户名、密码)	73(41.95%)
将所需文件转化为电子版	75(43.1%)
整理原始数据资料	98(56.32%)
收集期刊封面信息并截图	81(46.55%)
整理往来邮件资料	82(47.13%)
其他	30(17.24%)

图 2 不同投稿登记方式接受度统计

三、论文管理服务优化

(一)论文管理系统优化

系统优化于 2021 年 3—7 月进行，根据用户反馈进行调整。此次系统优化在简化科研人员操作流程和规范论文管理中找平衡，针对科研人员提出的问题将需要上传的材料减至最少，并由管理人员进行论文基本信息录入。系统还设置了管理人员权限，科室主任、职能部门负责人可通过管理人员身份查看并导出科室内的论文发表清单，方便科室了解论文发表情况。优化前后流程对比见图 3。

(二)科研管理部门转变管理思维，提升管理意识

近年来，科技部、国家卫健委、国家自然科学基金委不定时更新对学术不端论文的调查处理结果，严厉打击学术不端行为。研究显示，2019—2020 年，我国医学 SCIE 研究型论文被撤销的原因主要为数据问题、图片问题、作者无回应、身份及署名问题、抄袭与剽窃、重复发表和虚假同行评议。① 科研管理部门的工作改进重点就放在让科研人

① 解傲，袁路，汪伟．我国医学 SCIE 研究型论文被撤销的原因分析[J]．中国科技期刊研究，2022，33(5)：554-560.

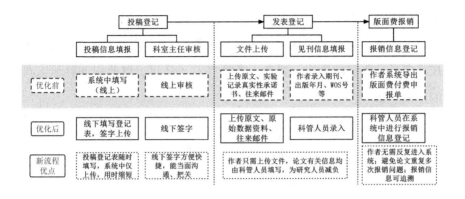

图 3　论文管理系统优化前后流程对比

员规范论文发表行为，规避这些"雷区"，这就取决于系统中论文审核是否严谨。以往，论文审核重点主要放在材料是否上传齐全，对细节未作过多关注，伦理审查、原始数据审查、预警期刊提醒、报销信息登记方面工作相对薄弱。工作改进后，在论文投稿登记审核方面，主要审核：投稿刊物是否为预警期刊；所有署名作者是否签名确认；科主任是否审核并签字；涉及人或动物的生物医学研究，是否经伦理委员会审查；是否涉及新发传染病，等等。论文发表登记审核方面，重点则放在原始数据资料是否齐全；通讯作者邮箱是否为常用的机构邮箱；是否用通讯作者邮箱与杂志社进行信件往来。2021 年，杭州市组织全市主要医疗机构进行科研诚信管理体系建设情况自查，结果显示：原始数据留档是科研管理上最薄弱的环节，约有 40.54%的单位存在欠缺。① 近年来，科技部、国家卫生健康委员会、国家自然科学基金委员会公开通报的数百例科研诚信案件调查结果显示，数据造假是最常

---

① 徐哲峰. 杭州医学科研诚信管理现状及措施［J］. 杭州科技，2022，53（1）：18-20.

见的科研失信问题。① 这也是要将原始数据资料审核作为重中之重的原因。为进一步规范论文发表的全流程，武汉大学中南医院科研管理部门出台论文发表管理规定，用制度来管理，以制度促规范。对于未按规定进行登记的论文，晋升、考核将不予认可，以此引起科研人员的重视。

四、展　　望

(一) 提升系统信息化水平

论文管理系统优化至今已有一年，在系统设置上已作了最大程度精简，但还有优化空间，如实现系统与外部数据库对接，实现论文智能推送、作者认领功能。②

(二) 加强科研诚信教育与培训

科研诚信教育应贯穿医学科研工作者成长的不同阶段。作为教学医院，在科研诚信政策宣贯上，不仅要面向职工，还要加强对医学生的科研诚信教育与培训，让科研人员规范学术行为、遵守发表规定，把汇交原始数据作为习惯，扎实推进医学科研诚信和作风学风长效机

---

① 王善萍，易芳，万绍平，等. 基于310起医学科研诚信案件调查处理结果的回顾性分析[J]. 中华医学科研管理杂志，2022，35(4)：257-261.

李允水，龚浩，周罗晶. 医学科研诚信治理对策探讨[J]. 中华医学科研管理杂志，2023，36(1)：13-17.

毛发江，史雯妍，左玲，等. 近3年国家基金委查处的学术不端案件分析及对医院科研管理的启示[J]. 中华医学科研管理杂志，2022，35(2)：102-106.

② 朱晓明. 地方高校科研档案管理系统功能优化：以青岛大学为例[J]. 兰台世界，2021(4)：90-92.

制建设。①

(三)打破壁垒，数据共享

当前医院职能部门之间存在"数据孤岛"，如科研管理部门建立科研管理系统、财务处建立财务报销系统、人事管理部门建立晋升系统，系统各自独立，导致科研人员需要重复录入数据，希望日后可以打破数据壁垒，为科研人员提供更好的技术支撑服务。

加强学术论文发表管理不是一朝一夕的事情，需要科研工作者和管理者的共同努力。下一步将借助大数据技术提升医院科研管理水平，增强科研服务意识，积极创新科研管理模式，提高科研管理质量，提升科研管理人员的信息化水平，最终实现医院科研工作高质量可持续发展。

---

① 廖娟，王世民，袁毅，等．医院科研人员科研诚信认知现状调查与探讨[J].医院管理论坛，2022，39(1)：58-61.

浅析新时期高校科研成果管理工作

殷　娜

武汉大学科学技术发展研究院

摘要： 在构建国家科技创新体系中，高等院校承担着重要的责任和使命，地方高校的科学研究不但影响着我国科技进步、产业结构调整和地方经济发展，更是我国全面实施教育强国战略的重要组成部分。高校科研成果管理工作势必成为高校科技工作发展的重中之重。本文首先找出现阶段高校科研成果管理工作存在的问题并逐一进行分析，然后针对问题给出具体对应的解决策略和建议。

引　言

高校既是教育和培养人才的基地，更是科学研究、引领科技进步的前沿阵地。随着我国科教兴国战略的实施，高校面向社会服务的功能得到迅速拓展，不仅影响着社会经济的发展，更关系到国家科技创新与发展进步。特别是我国一流重点高校，已然成为推动国家科技创新、维护国家安全、稳定经济发展的核心支柱。因此，加强高校科技成果的管理，实现高校科技成果服务于社会经济发展，对国家构建科技创新体系有着深远的意义。

一、高校科研成果管理存在的问题

高校是科研成果研发和产出的重要载体和平台。科研成果的质量和数量更是衡量高校科研创新能力的核心指标，是反映高校科研综合实力的重要依据。对此，高校必须要加强科研成果管理工作的力度，提高对高校科研成果的保护，积极推动科技成果的转化。但是，从当前大部分高校科研成果管理工作的现状来看，实际效果并不理想：科研成果管理存在管理制度滞后、管理模式单一等诸多问题，牵制了科研成果创新的发展速度。高校科研成果管理工作突破壁垒、勇于创新势在必行。

(一) 科研成果的管理保护力度不够

传统的科研成果主要由政府统一管理。政府对列入国家计划的研究项目从课题立项、科研经费的划拨、科研成果验收结题、科研成果的登记与评价等环节进行垂直管理。高校科研成果的管理也属于这类管理模式。虽然高校科研成果在权属原则上归国家所有，然而国家科技计划对产出的科研成果缺乏行之有效的管理措施，科研人员往往在申报科研项目结题验收或科研成果评价之前就已经将研究成果以论文的形式向国内外公开。由于没有申请知识产权保护，科研成果中的关键技术没有以专利等形式被法律保护，有可能被他人无偿使用。尽管当前国内一些高校已加强知识产权保护意识，但保护力度显然不够。在技术秘密的保护方面，多数高校管理人员并不具备专业指导水平。技术秘密未能及时、完善地保护起来，从而造成技术秘密泄露，产生了不同程度的损失。所以，高校科研成果的管理保护还留有很大的空白，科学规范管理刻不容缓。

（二）科研成果处置权制度亟须改革

科研成果处置权在我国是有严格规定的。科研成果在产权转移、成果转化、技术许可时，审批程序繁琐，时限过长，严重影响了成果产业化的时效性。以专利为例，专利作为高校科研成果最常见的形式，按规定，职务科研成果形成的知识产权，权力人为单位、职务发明人享有署名权、奖酬获取权，对知识产权没有直接处置权；在处置时，这类成果一般按照国有资产来管理。同时为了防止国有资产的流失，会限定成果转化的额度，引入第三方评价机构，多头把关，逐层审批；当成果转化时，在双方协议定价的基础上，成果需要进行资产评估。评估手续繁琐，耗时较长，且评估评价的结果往往难以实施，不被市场认可，严重阻碍了科研成果的及时转化和后端开发。近几年，国外许多投资公司通过讲座宣传、高利益回报等手段，诱惑在校大学生将创新成果卖给国外公司，抢占我国高校专利市场，这样势必会造成我国知识产权的流失，严重影响我国科技提升、经济发展和国家安全。

（三）科研成果收益权制度有待落地

高校科研成果处置权有限，直接影响了科技成果产业化的收益权。科研成果即便按规定完成评估评价等一系列流程，也得到了市场认可并顺利进行交易，产生了较好的经济效益，科研人员也未必会是整个产业化过程中最大的受益人。由于常常出现国家政策与地方政策不统一，地方政策与高校管理部门规定有偏差，各类收益政策与审计部门要求存在矛盾等情况，现实中往往表现为：科研成果产业化前看起来形势利好，分配比例高，科研人员收益大；实际上，现金收益须按财政税收要求扣除管理费、个人所得税、成果研发费等种种费用，科研人员实际享有的收益较政策宣传时的数额大打折扣，使得科研人员参与成果研发和后端产业化的积极性、主动性和创造性有所降低，科研管理体制与市场脱节，这又制约着高校科技创新主力军作用的最大化。

（四）科研成果管理流程亟须完善

目前，很多高校科研成果管理方式仍采用现场登记报备的形式。科研人员需要前往科研成果管理部门申请成果登记，通过填报表格的形式录入成果内容，将科研成果登记在册；或是应合作单位的要求，在进行科技成果评价、科技成果申报奖项之前，对成果的基本信息进行录入。科研管理部门将这些提交上来的表格进行信息汇总和统计，科技管理人员才算完成了科研成果的登记管理工作。这种单一的报表式管理，不仅会导致一些相关的科研成果信息无法得到及时的共享，阻碍科研成果的共享和交流，更不利于高校科研成果的应用和推广，大大降低了高校科研成果的管理效率。

在实际管理工作中，科研成果的技术许可、成果转化、成果作价入股等等后端环节未纳入流程管理，未能做到科研成果的全生命周期管理。这些后端的科研成果信息，不仅是整个科研成果管理中不可缺少的部分，更是体现和延续科研成果价值的重要部分，也是今后运用好科研成果管理数据的关键组成部分。科研成果全生命周期管理是高校科研管理部门需要关注完善和大力推广的新型科研成果管理模式。

（五）科研成果管理人员管理水平有待提升

科研成果管理人员的管理意识决定了他们的行为，实际管理过程中的一言一行均是他们管理意识的体现。如果科研一线的工作人员服务意识淡漠，很容易在工作岗位上机械、僵硬地处理工作内容。这一方面影响了科研人员的科研进程，另一方面也让管理工作处于被动、受人指责的状态。如果科研成果管理工作长期流于形式，科研管理人员业务不专业、状态不投入，必然无法挖掘出科研成果的潜在价值。

而且，高校产出的科研成果大多来源于获批的项目。科研成果包括论文、专利、技术秘密、标准等。高校的科研成果多数没有专职人员管理，每项成果的管理工作也根据前中后末的不同时期分散在科技管理部门的不同处室。科研成果管理人员一般以行政管理职能为主，而具备专业业务处理能力且经过专业培训、多岗位锻炼的科研管理人员非常少，更遑论对知识产权和技术转移的服务能力以及对科研成果数据分析和挖掘的能力。所以，很多高校科研管理人员在工作岗位上力不从心，管理过程中既无法树立威信，也难以推进工作。

（六）科研成果数据统计分析不足

将统计方法与科研成果管理工作特性相结合，定量分析和定性讨论相结合，通过统计分析，我们可以更深刻地理解工作内容，挖掘出科研管理工作背后深层次的逻辑规律，从而更有效、有针对性地开展工作，也为高校科技事业的长远规划和宏观决策提供重要的依据。纵观现状，科研成果管理未能辐射全过程，分散式、片段式的管理方式只能将登记的科研成果数据用于存档备案和简单的数据汇总或内容筛选，无法开展多维度分析，实现过程管理与结果产出的串联，使得成果管理沦为表面的登记，数据只能作为总结和汇报的数字。

二、新时期提高高校科研成果管理工作的改革策略

新时期，高校必须加强对科研成果重要性的认知，通过分析以上六个科研成果管理方面的问题，寻求行之有效的管理策略与管理路径，以推动高校科研成果管理的针对性和实效性，以期真正实现现代科研

发展目标。

（一）依据市场规律，转变管理观念

高校加强知识产权保护工作是为高校科技发展夯实基础，也是推进创新型国家建设、推动高质量发展的内在要求。新时期，高校需要依据市场经济规律、科技创新规律，进一步转变思路和管理理念，重视发挥市场的决定性作用，发挥政、产、学的合力，加强对高校和科研人员的引导，引导科研人员及时保护关键技术、技术秘密，在申请国内专利的同时布局申请国外专利，做好已失效专利的二次开发及有效利用，加强科研成果转化中的技术能力转移，从而实现高校科研成果的社会效益。

知识产权作为科技创新的成果，对推动我国高质量发展具有关键引领作用。加强知识产权保护，一方面有利于维护内外资企业合法权益，平等保护中外权利人合法权益等，另一方面也是推进创新型国家建设、推动高质量发展的需要。只有对知识产权给予充分保护，才能进一步激励创新，提升国家创新发展水平与产业竞争优势。

（二）制定高校科研成果处置权、收益权制度

新时期，为了强化高校科研成果管理工作，首先要明确高校在技术市场中的地位，赋予高校对科研成果的自主处置权。高校获批政府资助的科研项目所形成的关键技术、标志性成果等，除去涉及国家安全和重大利益外，其成果的处置权和收益权应充分下放给高校；其次，制定和完善高校科研成果处置权收益权的相关制度，在价值评估、产权确权、作价入股、科研人员创业等多方面形成明确统一的激励政策和实施细则，从而更好地指导高校科研成果的管理工作；最后，建立科研项目责任制，从立项到结题都能做到分工明确，责任到人。在此

基础上，开展向职务发明人转让成果所有权，鼓励职务发明人采用作价入股方式转化成果，从而促进科研人员积极面向实践研发和成果转化。

（三）加强科研成果管理的信息化建设

新时期，信息技术日益发展，为了加快科研成果管理效率，高校亟须加强科研成果管理信息化建设，建立科研成果信息化管理平台。平台的基础数据库通过个人录入、逐级审核入库的方式建立，其中个人录入的数据要经过科研秘书和科研处管理人员两级审核通过才能正式入库。同时信息化管理平台还需具备强大的数据查询分析功能，以便于科研成果的交流和分享。高校科研管理部门也可以通过信息化管理平台及时、准确地掌握全校教师及各部门的科研成果和项目信息情况，真正实现科研成果管理的科学化、规范化和信息化。

（四）通过内外结合方式组建科研成果管理队伍

新时期，高校科研成果管理工作的核心是专业能力的建设，也可以说是专业团队及其服务水平的建设。首先，各大高校科研成果管理部门应该加强沟通和交流，主动向管理改革先进的高校学习；同时，高校领导层需要考虑如何有效激励科研成果管理人员，除了提供交流学习的机会，让管理队伍不断保持创新意识和引领能力，还要加强业务性培训学习，培养一批与时俱进的复合型管理人员；其次，建议高校设立专门的科研成果管理处室，负责学校各类项目产生的科研成果的管理及成果转化工作，让成果管理一体化、规范化、科学化；最后，高校可以签约数个校外技术转移专业服务机构，校内管理部门负责工作目标制定、任务分解和阶段考核，校外服务机构或第三方服务机构负责专业的市场化运营。同时，管理部门还可以利用服务机构提供的成果价值、专利价值的分析报告，形成学校发展建议报告，还可以利用分析数据进行科研成果的挖掘及市场布局，指导成果后期的转化和产业化。通过内外结合的方式，一方面可以缓解学校编制不足、人手缺乏的现状，另一方面解决学校与市场的脱节，从而提高高校科研成果的管理效率。

(五) 提高统计分析意识，多维度纵深挖掘成果背后反映的客观规律

目前高校科研成果登记数据主要用于每年统计产出成果的数量，以及通过成果的来源衡量产出成果的质量。这种单一的数据指标对现实成果管理工作的指导意义微乎其微，只是流于纸面的数据。例如，我们可以通过比较跨年度不同学科的成果产出分析出学科发展态势和国家社会的科技需求，如前述在数据共享的信息化建设背景下，可以通过比较本校的成果产出和同类高校、科研院所、企业以及国内外的差异分析出各自的优劣，取长补短，对科研人员提出指导性意见等，让科研成果全生命周期管理模式成为现阶段高校科研成果管理的新标准，充分体现科研成果管理工作中服务规范优质，管理专业权威。

结语：高校是自主创新资源的集合地，更是科技创新的重要源头。在科学技术快速发展的当今，高校科研成果在其中发挥着举足轻重的作用。对此，高校应该立足于科研成果管理的实际情况，首先从管理观念上进行转变，提高对科研成果重要性的认识，加强对知识产权的保护力度；其次坚持以市场为导向，建立高校科研成果转化的新机制，推动制度创新；然后利用现代化信息技术手段，构建高校科研成果管理的信息化平台，提高管理效率；最后加强高校科研成果管理人员的素质教育，提高管理能力，从而让科研成果管理方式更加科学化、规范化，真正实现国家、高校和科研人员的"多赢"。

◎ 参考文献

[1] 岳佩琪. 科技创新背景下高校科研管理创新研究[J]. 科技传播, 2020, 12(4): 166-167.

[2] 朱箭容. 王子敏. 创新驱动战略视角下高校科技成果转化机制改革研究[J]. 现代管理科学, 2018(12): 88-90.

[3] 朱贵宪. 浅析如何做好高校科研管理与服务工作[J]. 吉林广播电视大学学报, 2018(4): 127-128.

[4] 刘畅. 刍议高校增强科研成果管理实效性的对策[J]. 现代职业教育, 2017(13): 165.

[5] 魏星. 高校科研成果统计信息化系统的研究与设计——以桂林航天工业学院为例[J]. 桂林航天工业学院学报, 2019, 24(2): 166-171.

[6] 李彩芳. 大数据背景下高校科研管理建设的创新[J]. 商业经济, 2023(6): 184-186.

[7] 张春兰, 吴礼福, 张广丽. 大数据下高校科研管理信息化研究[J]. 南京开放大学学报, 2022(4): 64-69.

高校专利资助政策对专利申请行为的影响及对策建议

——以武汉大学等 10 余所 985 高校为例

何　军

武汉大学科学技术发展研究院

摘要：为探究 2020 年教育部、国家知识产权局与科技部联合发文要求全面取消专利申请资助政策对高校专利申请行为的影响，以武汉大学等 12 所高校 2012—2022 年专利申请数量为数据基础，分析各高校专利申请资助政策对专利申请数量的影响，同时针对不同高校的专利成果转化进行对比分析。在此基础上，武汉大学在修订其专利资助政策时：延续并逐步调整资助政策，实施分阶段奖励政策；在知识产权代理服务机构方面，应增加代理机构数量，满足师生多样的知识产权需求，并要求中标的服务机构派驻专业人员，提高服务的质量和响应时效；进行特色服务工作，包括鼓励高价值专利培育项目和加强知识产权创新成果转化和奖励资助，以提高专利的质量和可转化性。

引　言

专利资助是指资助方通过一定方式对专利研发、专利申请、专利维持、专利应用、专利保护五大环节进行扶助。① 2020 年 2 月，教育部、国家知识产权局与科技部联合发布《关于提升高等学校专利质量促进转化运用的若干意见》，该意见指出要"停止对专利申请的资助奖励，大幅减少并逐步取消对专利授权的奖励，可通过提高转化收益比例等'后补助'方式对发明人或团队予以奖励"。② 2021 年 5 月，国家知识产权局发布《关于进一步严格规范专利申请行为的通知》，要求要"全面取消各级专利申请阶段的资助"。③ 官方政策的调整回复了近年来学术界与实务界的观点，即调整对前端(申请)的关注，将资助政策后移到中端(授权)与后端(应用与保护)④，促进专利的高质量研发与成果转化⑤，从而解决过分依赖专利申请资助政策所引起的盲目冲刺专利数量而不顾专利质量⑥以及财政资源浪费⑦等问题。但随着官方政策要求的改变，各高校在修订校内有关专利政策时也要考虑政策调整对校内专利申请数量的影响以及"后补助"方式该如何开展。本文试图基于有关高校近年来专利申请数量、专利资助政策与专利成果转化等方面的数据对上述问题进行回答，并希望为武汉大学的政策修订提供一些参考建议。

---

① 徐亮，徐磊. 知识产权管理视域下中外专利资助政策比较[J]. 学术交流，2020(6).

② 教育部　国家知识产权局　科技部. 关于提升高等学校专利质量促进转化运用的若干意见[EB/OL]. [2023-09-09]. http：//www. moe. gov. cn/srcsite/A16/s7062/202002/t20200221_422861. html.

③ 国家知识产权局. 关于进一步严格规范专利申请行为的通知[EB/OL]. [2023-09-09]. https：//www. cnipa. gov. cn/art/2021/1/28/art_75_156439. html.

④ 徐文. 理念与路径：高质量发展时代专利资助政策转型论[J]. 理论月刊，2022(4)：118-129.

⑤ 刘淑华. 我国 PCT 申请资助政策的正当性研究[J]. 知识产权，2017(8)：78-83.

⑥ 刘昂. 专利资助政策机制评估及政策改进维度[J]. 社会科学家，2020(5).

⑦ 谢黎，等. 专利资助政策与问题专利的形成[J]. 情报杂志，2014(6).

一、数据处理

根据国家知识产权局公开的数据，2020 年中国高校专利实力 100 强前十名依次为清华大学、浙江大学、华南理工大学、电子科技大学、华中科技大学、东南大学、上海交通大学、哈尔滨工业大学、北京大学、天津大学。① 因此，本文在此基础上适当调整，选取 12 所我国头部高校为研究对象，以其 2012 年至 2022 年申请的专利为研究数据基础，以下列检索式在壹专利数据库中进行检索：

申请人类型 =（高校）AND 申请日 =（2012.01.01：2022.12.31）AND 申请人（精确）=（"浙江大学" OR "清华大学" OR "华南理工大学" OR "东南大学" OR "天津大学" OR "哈尔滨工业大学" OR "上海交通大学" OR "中山大学" OR "北京大学" OR "复旦大学" OR "华中科技大学" OR "武汉大学"）

值得注意的是，检索式中限定申请人类型为精确，故检索得到的数据中不包括以具有独立法人资格的高校附属机构为申请人的专利数据。在检索得到的数据基础上，通过对比分析，考察我国头部高校在专利申请上的总体态势，进行回顾反思，总结经验，发现问题，寻找规律，为政策制定和调整提供真实可信的参考依据。

二、高校专利申请资助政策对专利申请量的影响

经合并申请号，整理得到各高校具体专利申请情况。表 1 为武汉大学等 12 所头部高校 2012—2022 年专利申请情况。

---

① 朱汉斌. 2020 年中国高校专利实力 100 强正式发布［N］. 中国科学报，2021-01-17.

表 1　武汉大学等 12 所头部高校 2012—2022 年专利申请情况

年份 申请人	2012	2013	2014	2015	2016	2017	2018	2019	2020	2021	2022
北京大学	692	685	690	661	801	728	819	967	965	1203	1044
清华大学	2335	2267	2350	2286	2623	3129	3721	3946	4439	4721	4408
复旦大学	650	665	629	675	784	715	847	1011	1139	1678	1287
上海交通大学	1675	1856	1844	2062	2450	1802	2162	2690	2773	3252	2859
浙江大学	2895	3239	3257	3563	3761	4057	4607	5086	4363	5456	6212
中山大学	499	585	710	734	1131	1210	1574	1482	1620	2257	2197
东南大学	2113	2265	2398	2415	2808	2853	3257	3489	3099	3373	3881
天津大学	1430	1828	1879	2169	2908	3397	4124	4820	3232	2934	2884
哈尔滨工业大学	1477	1928	2121	2845	1655	1910	2418	2532	2229	2926	3493
华南理工大学	1822	2013	2381	3066	3618	4297	4567	4101	3320	3764	3628
华中科技大学	942	1134	1410	1410	1812	2264	2513	2988	2639	3122	3111
武汉大学	722	1147	1113	1459	1563	1748	1413	2192	2311	2499	2446

同时对上述高校的专利资助政策进行检索，发现上海交通大学①、复旦大学②、东南大学③、哈尔滨工业大学④等高校已经取消了专利申请的资助政策。数据显示，复旦大学在专利申请资助政策取消的 2021 年，其专利申请量为 1678 件，较 2020 年的 1287 件仍有上涨，增速为

①　上海交通大学. 上海交通大学科技成果类知识产权管理办法（试行）［EB/OL］.［2023-09-09］. https：//aitri. sjtu. edu. cn/cmsdoc/dab7e043-274c-45c2-bf76-62c643227027.

②　复旦大学. 关于转发《复旦大学职务发明管理办法》的通知［EB/OL］.［2023-09-09］. https：//xxgk. fudan. edu. cn/05/7a/c13611a 460154/page. htm.

③　东南大学. 关于调整专利资助政策的通知［EB/OL］.［2023-09-09］. https：//kjc. seu. edu. cn/_ upload/article/files/e4/d2/10f739d14bd7a839d00e7ce640 3f/46484cf7-3bee-419e-b013-4e672c60e9bb. pdf.

④　哈尔滨工业大学. 关于调整专利资助政策的通知［EB/OL］.［2023-09-09］. http：//jtxy. hit. edu. cn/2021/1022/c6047a262010/page. htm.

30.38%；2022 年的申请量为 1287 件，较 2021 年有大幅度回落，降幅为 24.31%，即便考虑到发明专利初步审查合格到网络公开一般约为半年时间，2022 年的数据公开可能不全面，但参考其他高校这两年的申请量变化，还是可见专利申请费用由发明人使用经费或自筹经费支付，对复旦大学的专利申请量有一定的负面影响。上海交通大学在专利资助政策取消的 2021 年，其专利申请量为 3252 件，较 2020 年的 2773 件仍有上涨，增速为 17.27%；2022 年的申请量为 2859 件，较 2021 年小幅度回落。哈尔滨工业大学在专利申请资助政策取消的 2021 年，专利申请量为 2926 件，2020 年的 2229 件上涨了 31.27%，2022 年度专利申请量为 3493 件，较 2021 年上涨 19.38%，上涨速度虽仍然相对迅猛，但相较于前一年的增速小有回落。东南大学专利资助取消的时间为 2023 年 4 月，不在检索式限定的时间范围内，暂没有完整的申请数据公开，难以评估该校专利资助政策取消对该校专利申请量的影响。

三、高校专利成果转化情况分析

科技成果转化与收入分配政策对专利申请具有激励作用，发明人知道，一旦他们成功将技术转化为商业产品或服务，他们将获得与其贡献相称的经济回报，这种经济激励可以激发其更多地投入研究和开发工作，并积极寻求专利保护。此外，通过专利保护和合理的收入分享，发明人更有动力将其技术知识转移到市场上，或者进行技术资源的联盟与合作来增加专利产业化的经济效益与社会效益①，从而推动了技术的传播和应用，有助于促进科技进步。同时，高校研发实力雄厚，但缺乏产业化条件②，专利成果的转化有助于高

---

① Edmund Kitch. The Nature and Function of the Patent System[J]. Journal of Law & Economics，1977(2).

② 马忠法. 完善现有专利资助政策为提高高校专利技术转化率创造条件[J]. 中国高校科技与产业化，2009(3).

校专利的利用。①

经过对 2017—2021 年这五年《中国科技成果转化年度报告(高等院校与科研院所篇)》的分析②(由于 2022 年度报告尚未能查到,故而暂且不列),现对清华大学、北京大学、浙江大学、上海交通大学、复旦大学、中山大学、东南大学、天津大学、哈尔滨工业大学、华南理工大学、华中科技大学等 11 所高校的科技转化成果合同金额予以列举,如表 2 所示。从表中可以看出,数年来清华大学的科技转化成果合同金额高居各高校排名榜首,其中,2015 年至 2020 年,清华大学转化专利数量 2889 件,转化合同 516 项,转化金额 29.98 亿元(其中到款金额 8.48 亿元),衍生企业 218 家。随着各大高校相继出台有关对科技成果转化的资助与奖励措施,这五年来各高校的科技转化成果合同金额总体而言逐年攀升。以北京大学为例,其科技开发部仅 2022 年一年共签署知识产权许可合同 26 项,知识产权转让合同 15 项,形式涵盖了专利(申请)权转让及专利许可、著作权许可、技术秘密转让及许可等,全年签约项目 53 项,合同总金额(不含销售额提成)超过 3.22 亿元。

表 2　高校科技转化成果合同金额统计表(单位:亿元)

	2017 年	2018 年	2019 年	2020 年	2021 年
清华大学	20.598	29.69	29.47	32.147	53.977
北京大学	3.701	11.37	9.85	10.659	16.552
浙江大学	16.886	17.43	22.76	26.883	42.028

①　冉从敬,宋凯. 基于混合方法的高校专利个性化推荐模型构建[J]. 情报理论与实践,2020,43(10):93-98.

②　国家自然科学基金委员会科学传播与成果转化中心.《中国科技成果转化 2021 年度报告》出炉[EB/OL]. [2023-09-09]. https://www.nsfc.gov.cn/csc/20340/20289/61490/index.html.

续表

	2017 年	2018 年	2019 年	2020 年	2021 年
上海交通大学	8.99	14.75	20.41	20.394	30.335
复旦大学	3.898	6.39	5.72	9.524	17.549
中山大学	3.366	5.76	3.76	4.125	6.144
东南大学	12.954	15.57	15.37	16.662	16.309
天津大学	3.502	5.92	6.08	7.363	9.989
哈尔滨工业大学	12.441	7.68	9.47	7.318	12.326
华南理工大学	11.506	12.95	11.86	12.603	12.765
华中科技大学	4.360	6.90	3.43	15.07	16.95

经过对上述高校科技成果转化政策进行检索，发现复旦大学、浙江大学、中山大学、东南大学与哈尔滨工业大学等高校对专利成果转化的奖励比例进行了规定。其中复旦大学规定"科技成果转化收入必须全部进学校，进校后按成果完成人（包括所有发明人）70%、所在院系15%、学校15%的比例进行分配"[①]。浙江大学规定"扣除转化成本后的净收益，原则上学校、学院（系）、研究所、科技成果完成人分别按15%、10%、5%、70%的比例进行分配；科技成果转化涉及的作价投资，原则上由浙江大学先持股，然后将所持股权的70%部分股权奖励给科技成果完成人。浙江大学所持股权的其余30%部分股权可以由学校将股权出售，或将股权以增资的方式过户给学校承担科技成果转化职能的企业"[②]。东南大学规定"科技成果转化许可、转让所获得净收

---

① 复旦大学办公室. 关于转发《复旦大学科技成果转化管理办法（试行）》的通知[EB/OL]. [2023-09-09]. https://yxky.fudan.edu.cn/_upload/article/files/8e/9a/4d9264fd43c48a0131ac040cddb3/80afaf3b-fca1-4055-ab27-c23be6623e83.pdf.

② 浙江大学. 浙江大学印发《浙江大学科技成果转化审批细则》的通知[EB/OL]. [2023-09-09]. http://rd.zju.edu.cn/_upload/article/files/6c/7f/6dac22d5464b8566ddda04caf453/2c17c7d8-0407-4c7b-8cd8-09713442054c.pdf.

益的80%奖励给科技成果完成人及在转化工作中作出贡献的团队人员所有；净收益的10%作为学校所有，净收益的5%由所属单位所有，净收益的5%作为南京东南大学技术转移中心有限公司的运营经费及科技成果转移转化抚育基金"①。

综上所述，各高校的科技成果转化收入的奖励比例大多为70%~80%，成果转化多以许可、转让以及作价投资等方式进行，因此单个专利的转化收入与前端的专利申请资助存在数量级的差距，对发明人的吸引力更大，同时对专利的质量要求也更高，即只有在成功转化技术并实现收入时才能获得这一部分收益，这鼓励发明人承担更大的风险并积极寻求专利保护，② 这也可以在一定程度上解释部分高校在取消专利申请资助政策后其专利申请数量增长仍相对迅猛的原因。

四、对策与建议

（一）关于专利申请资助政策的对策方案

1. 取消专利资助对专利申请的影响对策建议

专利申请资助政策的取消有助于破除"为专利而专利"的"泡沫"现象。③ 调研十余家高校，大部分已取消申请费资助或者调整了资助阶

---

① 东南大学. 关于印发《东南大学促进科技成果转移转化管理办法（暂行）》的通知［EB/OL］.［2023-09-09］. https://me.seu.edu.cn/_upload/article/files/db/4c/6dbe51fa4fe8a58a082d2e2c7fa9/d4f64de9-0ba2-4c92-afee-30c45666caaf.pdf.

② 赫英淇. 基于价值网络的高校专利运营价值创造研究［D］. 镇江：江苏大学，2020.

③ 霍京华，梁青红. 基于专利完整生命周期的高校专利回顾与分析——以在京10所高校的专利数据为样本［J］. 中国高校科技，2020(S1)：8-11.

段，如浙江大学、中山大学采取申请阶段、授权阶段分开资助，且授权阶段资助额度明显高于申请阶段资助额度。专利申请资助政策的调整，短期 2~3 年内会对该校的专利申请量产生一定的负面影响，影响比例一般为 10%~30%。

武汉大学 2018 年尝试取消专利申请资助政策，当年专利申请量为 1414 件，较上年 1748 件减幅为 19.12%，之后恢复了资助政策，2019 年专利申请量突破 2000 件，此后几年一直保持每年 200 件左右的增长。公开数据显示，截至 2022 年底，武汉大学专利年申请量为 2421 件，与湖北省同等高校华中科技大学 2022 年的申请量 3111 件相比尚存在较大差距，差幅为 22.15%。且华中科技大学 2019 年取消专利资助后，2019 年为 4986 件；2020 年为 4855 件；取消专利资助后专利申请量稍有回落。

综上，建议武汉大学对于专利申请资助政策继续延续 3~4 年，逐步追赶甚至赶超周边相近水平的高校。

2. 关于专利资助方式的对策建议

调研 10 余家高校，大部分已变换了资助形式。如清华大学：代理机构垫付缴纳的申请费及实质审查费定期直接由学校专利基金支付，代理费由代理机构直接跟发明人结算；北京大学：按学校规定办理专利申请审批手续并经审批通过的专利，学校资助的经费包括专利申请费、实质审查请求费、公布印刷费、授权办登费、前 3 年年费等，经评估确定作为学校专利运营项目的专利，可以由学校专利专项经费进行全额资助，包括专利申请费、审查费、代理费、年费等相关费用；东南大学对国内申请和授权，不资助也不奖励，对以其为唯一申请人的 PCT 发明专利及国外发明专利申请，申请费由学校资助一半等。

因此，建议武汉大学结合目前专利申请量与华中科技大学等高校的差距实际情况，在原有资助方式的基础上，可以考虑分阶段进行奖励，鼓励提高武汉大学的专利授权率。

（二）关于知识产权代理服务机构对策建议

通过调研发现，头部 985 高校，如清华大学、北京大学招标代理机构超过了 20 家，进一步深入了解发现，这些高校对应成立了技术转移中心或科技成果转化中心，有数十人的知识产权专业人才队伍，能够实现对多家代理机构的有序管理；但其他高校，如浙江大学、华南理工大学、哈尔滨工业大学、天津大学、复旦大学与中山大学等，大多招标代理机构在 10 家左右，一方面满足师生多样的知识产权需求，另一方面便于实现对各服务机构的监管。

同时调研了湖北省专利申请量排名前几的高校，如华中科技大学、武汉理工大学等。华中科技大学目前采取开放模式，师生可以根据自己的需求寻找对应的服务机构，但近一年采取了一些收缩口径的措施；武汉理工大学则是通过招标形式，确定了 6~8 家服务机构，2022 年申请量为 2488 件，与武汉大学申请量相当；而武汉大学目前为 2 家服务机构，存在服务内容可选择性窄、服务响应时间不及时、服务专业性不足等一些问题，因此提出以下建议。

1. 关于知识产权服务机构数量

建议采取新一轮招标，第一阶段为 2~3 年，拟确定 5~6 家在专利情报检索分析、专利挖掘布局、高质量专利代理、专利侵权无效诉讼等法律服务、专利奖策划申报等方向擅长的服务机构，增加服务内容的拓展性，提升服务的专业性，提高服务响应时效。

2. 关于知识产权服务机构的监管

鉴于目前武汉大学科学技术发展研究院知识产权专业人才不足等

问题，拟申请一些专业人员作补充，同时要求中标服务机构派驻专业人员为武汉大学师生提供专业知识产权服务。

(三)关于持续加强如专利奖等特色服务工作建议

近年来，武汉大学在知识产权方向不断发力，深入各院系、学科开展知识产权培训、咨询、挖掘、布局、情报分析等服务工作，帮助师生开展重大课题的知识产权保护。具体建议如下。

1. 持续加强高价值专利培育项目资助

鼓励重点学科、重大项目/课题开展专利情报导航分析、专利挖掘布局、高质量专利撰写等工作，未来2~5年围绕重点学科、课题/项目培育30~50个高价值专利组合。

2. 不断加强知识产权创新成果转化及奖励资助

积极拓展知识产权发展新方向，如2022年针对全校有效发明专利开展专利质量、技术原创性以及产业化应用价值等评估分析，筛选获得中国专利奖专利池，并协助师生开展中国专利奖申报规划、申报材料、答辩指导等工作，其中1项发明获得第二十四届中国专利奖银奖（2022年湖北省唯一高校获此奖励）。因此，建议继续尝试针对如中国专利奖、湖北省高价值专利大赛等奖励申报的资助，从而不断提升武汉大学知识产权质量。

高校实体科研机构科研管理队伍建设初探

谢章斌

武汉大学高等研究院

摘要：科学研究是高等教育的主要职能之一，对于我国创建世界一流大学和一流学科具有重要意义。各大高校设立的诸多科研机构，对高校的科研工作作出了重要的贡献。随着世界科学技术突飞猛进的发展，高校科研水平的不断提升，高校科研机构尤其是实体科研机构管理队伍面临新的形势和挑战，高校亟须打造一支能够适应新时代发展要求的管理队伍。

引　言

1809 年德国柏林大学的创立标志着现代意义上的大学的诞生。现代大学与中世纪大学的根本区别在于大学职能的转变：将科学研究作为自己的主要职能，将增加人类的知识和培养科学工作者作为自己的主要任务，推崇"学术自由"和"教学与研究"的统一。柏林大学精神推动了德国科学事业的发展昌盛，19 世纪初到 20 世纪初，德国成为世界科学的中心，对世界高等教育也产生了深远影响，为近代大学的形成奠定了基础。①

世界一流大学和世界一流学科(First-class universities and disciplines of the world),简称"双一流",是中共中央、国务院作出的重大战略决策,也是中国高等教育领域继"211 工程""985 工程"之后的又一国家战略。高校的科学研究水平成为"双一流"评判的重要参考指标。各高校相继成立实体研究机构,大力引进优秀青年教师从事专职科学研究,旨在提升学校的科研水平,推进学校的科研产出,争创"双一流"高校。②

改革开放以来,我国高校的科研机构的建设和发展迅速,科研机构数量也逐年增加。1991 年我国高校科研机构总数是 1676 个,2001 年底达到了 4599 个。③ 经过几十年的发展和积累,截至 2020 年,不完全统计,高校科研机构总数近 2 万个。随着科研机构规模的增长,科研机构管理队伍也在扩大。毫无疑问,这些科研机构管理队伍以及科研机构本身的存在,对高校的科研工作作出了重要的贡献,为建设世界一流大学和一流学科的国家战略作出了重要的贡献。

高校科研机构,主要包括实体科研机构和非实体科研机构两类。

(一)实体科研机构

1. 独立建制科研机构:直属学校,具有独立人员编制、独立建制的实体性科研机构,主要承担科研和研究生培养任务,相当于学校二级单位,院长(主任)由学校任命,同时设立若干业务副职和至少一名

① 鲍尔生(Friedrich Paulsen F.).德国教育史[M].滕大春,滕大生,译.北京:人民教育出版社,1986.

② 朱广龙,周桂生,曹永忠,等.高校实体研究机构在"双一流"建设中的作用——以扬州大学国际联合实验室为例[J].教育现代化,2021,8(104):135-138.

③ 叶儒霏,陈欣然,余新炳,等.高校科研机构面临的困境和多层次结构科研机构体系的构建[J].科学学与科学技术管理,2004,25(4):51-54.

行政副职，另设立若干办公室，配置全职管理人员。

2. 学术特区：在资源配置、科研组织、学术评价等方面采取区别于一般科研机构管理模式，直属学校管理的新型研究机构。

(二) 非实体科研机构

1. 依托校内院(系)建设，无人员编制与经费预算。

2. 合作共建的非实体科研机构，如与国际或地区联合共建、校企共建、校地共建、校校/校所共建、多方联合共建科研机构等。

本文仅讨论实体科研机构。

一、高校实体科研机构管理概况

目前国内高校科研机构科研管理主要模式为：

1. 学校层面设立主管全校科技工作和科研机构的职能部门，部分高校按照学科门类设置多个职能相同的职能部门(如武汉大学设立主管自然科学类科技工作的科学技术发展研究院和主管人文社会科学类的人文社会科学研究院)，下设科研机构管理处室。

2. 实体科研机构配备分管科研的副院长(主任)，一般由专业教师担任，根据实际需要设立专门的科研管理办公室。相应地，实体科研机构科研管理队伍可以分为以下人员：校级职能部门的领导、处室科研管理人员、实体科研机构科研副院长(主任)及科研秘书，其中数量上又以实体科研机构管理队伍(科研秘书)占绝对多数。

科研管理队伍承担了包括但不限于科研规划调研、组织论证、学术活动组织、科研项目全过程管理等工作，在实体科研机构建设和发展中发挥了重要的作用，并有力促进了高校在人才培养、科学研究、服务社会、文化传承创新和国际交流合作方面作用的发挥。

二、实体科研机构科研管理队伍的素质要求

科研管理队伍是执行科研管理职能的主体，个人的综合素质影响科研管理工作的质量。科技的发展和"双一流"建设的需求必然对科研管理队伍提出更高的要求。科研管理队伍既不同于科研队伍，也不同于管理队伍，必须要同时具备管理人员和科研人员的综合素质。

(一) 良好的思想政治素养和职业素养

实体科研机构科研管理人员服务的是各个学科领域的高级科研人才，甚至是校内最顶尖人才，基本具有长期国外学习工作经历，此外，一般还负责或参与机构内硕士研究生和博士研究生的培养工作。做好科研人员和研究生的服务和管理工作，必然要求管理人员具备较高的理论水平和思想政治水平。科研管理工作内容包含追踪国内和国际最前沿科技的进展，有的还涉及知识产权、科研信息保密等，关系国计民生，要求管理人员必须具备政治意识、大局意识、核心意识、看齐意识，在思想上、政治上、行动上同党和国家保持高度一致。实体科研机构科研管理队伍人员有限，一般为"分管领导加科研秘书"模式，既要负责整个机构科研工作的规划，又要做好管理服务工作，工作量大，且有临时性工作剧增的情况，个人生活和工作矛盾不可避免地存在，这就要求管理队伍要有强烈的责任心和爱岗敬业精神，以及"舍小家为大家"的思想觉悟。

(二) "一专多能"的知识技能储备

实体科研机构往往是基于某个或某几个学科而设立，有不同的科研侧重点，除了要求科研管理人员有自身专长之外，还需要"多能"。

一是能"站高"，能够理解和把握新时代背景下国家重大发展战略需求和发展方针，及时跟踪本机构领域科研的最新动态、新特点、新方向，促进本机构科研工作与国家需求紧密融合。二是能"学习"，学习本机构相关学科的基本知识，熟悉相关学科的发展脉络，能够做到与时俱进，为本单位提供相关咨询。三是能"输出"，实体科研机构的主责是科研，也承担研究生培养的职能，在高校科研及高层次人才培养中发挥着重要的作用，要求管理队伍具备现代化办公基本能力，掌握研究生培养、实验室建设、大数据管理、财务、法律、英语等各类知识，持续不断地将这些知识运用到科研管理和人才培养工作中，提升工作效率和质量。

(三) 良好的组织协调能力

组织协调能力是指根据工作任务对资源进行分配，同时控制、激励和协调群体活动过程，使之相互融合，从而实现组织目标的能力，一般包括组织能力、授权能力、冲突处理能力和激励下属能力。科研管理队伍需要做好与学校相关职能部门、本机构师生、校外企事业单位的沟通与协调工作，准确传达科研管理相关信息，组织本机构各级各类科研项目、奖励的申报，组织各类学术活动和大型学术会议等科研管理队伍，只有掌握了一定的组织协调艺术，具有良好组织协调能力，才能抓住工作重心，有条不紊地开展科研管理工作。

三、实体科研机构科研管理队伍面临的挑战

(一) 传统观念根深蒂固，重视不足

高校普遍存在对管理队伍的重要性认识不到位的情况，如重视教

学与人才培养工作，忽视管理工作，认为管理工作只是高校的普通工作之一，相对来说是次要的。高校管理队伍长期处在次要位置，未受到应有的重视。实体科研机构科研管理队伍是高校管理队伍中很小的一部分，在很长一段时间里，实体科研机构的科研管理队伍是一个模糊的存在，甚至被认为是可有可无的。

（二）角色定位不明确，专业化不足

受限于高校管理队伍的要求，科研管理队伍人数有限，不可能无限大。"麻雀虽小，五脏俱全"，二级院系有的管理工作，在实体科研机构中同样存在。① 另外，有的跨学科实体机构因为涉及校内多个一级学科，往往需要花费额外精力在协调相关学科和院系上，在规模上也并不比一般院系规模小。以 2014 年成立的武汉大学高等研究院、医学研究院两个跨学科实体科研机构为例，经过不到十年的建设和发展，两个研究院在校研究生均超 300 人，在全校研究生培养单位中属于中等偏上规模的单位，多项科研指标居全校前列。科研管理队伍一般由一名科研副院长或副主任（专业教师兼任）、一名科研秘书组成，专业教师更多的精力用在学术研究上，科研秘书也多以兼职为主（部分还是临时聘用人员），同时还负责学生工作、教学秘书工作等，工作量大；另一方面，这类人员绝大多数也都并非将科研管理工作作为主责主业。科研秘书等科研管理队伍变动频繁，不够稳定，工作的连续性不够好，传帮带不够完善，往往在工作交接过程中出现纰漏。管理队伍缺乏有效的科研管理技能培训机制，没有上岗培训，更多的是靠个人在工作中积累经验。

---

① 韩启飞，鲍锦涛，等. 高校科研管理工作现状及创新发展思考［J］. 高教学刊，2022（32）：22-25.

（三）晋升与激励机制不足，自我认同感低

总体上，高校的重心在人才培养和科学研究上，必然会将资源更多地分配给教学和科研人员，实体科研机构科研管理人员仅享有基本的行政工资收入，在高校教职工中属于收入较低群体。作为科研管理人员，也不可能像教师和科研人员一样申请项目经费支持。科研管理队伍晋升渠道狭窄，职业发展通道不畅通，往往需要通过转岗才能获得晋升。人才培养和科学研究取得的成绩是容易量化的，也显而易见，但科研管理队伍的工作业绩很难量化，也很难落实到具体管理人员上。管理工作得不到认可，缺乏健全的考核与激励机制，使得科研管理队伍自我认同感低，职业稳定性差。①

四、实体科研机构科研管理队伍提升途径

（一）提高认识，加强重视

党的二十大报告指出，到 2035 年，我国发展的总体目标是：经济实力、科技实力、综合国力大幅跃升，人均国内生产总值迈上新的大台阶，达到中等发达国家水平；实现高水平科技自立自强，进入创新型国家前列。加强基础学科、新兴学科、交叉学科建设，加快建设具有中国特色、世界一流的大学和优势学科。"双一流"建设的提出有利于提升中国高等教育综合实力和国际竞争力，为实现"两个一百年"奋斗目标和实现中华民族伟大复兴的中国梦提供了有力支撑。实体科研机构在高校的人才培养、科学研究方面发挥着重要的作用，为高校"双

---

① 邓理，浦徐进，王维懿，等. "双一流"背景下高校科研管理队伍的职业倦怠研究[J]. 科技管理研究，2018(17)：113-118.

一流"建设作出了突出的贡献。高校需要站在国家发展战略和自身"双一流"的高度，提高对实体科研机构的认识，加强对实体科研机构管理工作的重视。

(二)机构做强，提升影响

以武汉大学高等研究院为例：成立以来引进的全职科研队伍(不含博士后、科研助理等)30余人，其中院士1人，杰青1人，省级以上高层次人才20人；在读研究生300余人，其中在代表武汉大学研究生学术创新最高成就的研究生学术创新奖上(最高奖励8万元)，1人连续两年获得特等奖(全校唯一)，同一年2人同时获得特等奖(全校唯一)，研究生培养效果和创新能力非常突出；每年在以《科学》为代表的顶级学术期刊发表高水平论文百篇以上，高水平论文数量和被引数均在全校前列。高等研究院在科研人才引进、人才培养、科学研究上成绩明显，为学校"双一流"建设发挥了重要作用，在校内逐渐得到广大师生的认可，但与二级学院的地位和认可度仍有一定差距。实体科研机构唯有自身做大做强，才能在高校内部获得长足发展，为科研管理队伍提供更好的支持。实体科研机构可以从以下几个方面加强建设：一是加强科研队伍组建，尤其是高层次人才的引进力度，既要保量更要保质；二是吸引优质研究生生源，培养高质量科研人才；三是瞄准世界科技前沿，促进学科交叉融合，做有组织的科研。

(三)明确定位，提升能力

"打铁必须自身硬"，科研管理人员需对科研管理工作在实体机构中发挥的作用和地位，以及科研管理者自身的定位有清晰的认识：科研管理工作内容不仅仅是简单地将学校科研工作进行上传下达，还包含科研规划调研、组织论证、学术活动组织、科研项目全过程管理、人才培养、平台建设等，为科研人员提供全方位的服务工作；科研管理队伍是科研工作中发挥承上启下、沟通内外、协调左右作用的"指挥部"。科研管理人员在日常工作中，要有意识地加强能力提升和多方面的专业技能储备，培养良好的职业精神和职业道德、组织和协调能力等。

五、结　语

实体科研机构科研管理队伍作为高校管理队伍的一部分，对"双一流"建设的早日实现、高校职能的发挥起着重要的作用。高校各方需要对管理队伍的现状有清醒的认识，深化改革，提升队伍能力，唯有一流的科研管理队伍才能支撑起一流的科研。

基于高校组建新型研发机构发展的思考

胡 浩 赵 洁

武汉大学国内合作部 武汉大学科学技术发展研究院

摘要：新型研发机构是在当今科技体制改革的背景下产生的一类聚焦科技创新需求，从事科学研究、技术创新和研发服务，运行引入市场化运行机制以及现代化的管理制度的机构。基于高校组建的新型研发机构，其体制机制及运行方式方面存在一定制约。本文通过分析存在的问题及原因，在具体措施方面提出建设性建议，使得基于高校组建的新型研发机构在发挥高校学科优势的同时，服务地方经济，通过新型研发机构的发展反哺学校的学科，实现双赢。

引 言

党的十八大以来，在以习近平同志为核心的党中央领导下，我国在科技创新上形成了从思想到战略再到行动的完整体系。思想就是习近平总书记关于科技创新的一系列重要论述，[1] 特别是开创性

---

[1] 王斌，赵香芹. 战略新兴产业新型研发机构建设特征、困境与路径研究[J]. 科技和产业，2019，19（7）：87-91.

地提出了创新是引领发展的第一动力。战略就是党的十八大提出的要实施创新驱动发展战略，我们要通过创新来塑造更多依靠先发优势的引领型发展。行动就是党中央对科技工作的一系列全面的部署。①

2021年9月习近平总书记在中央人才工作会议上指出：集中国家优质资源重点支持建设一批国家实验室和新型研发机构。② 新型研发机构是在当今科技体制改革的背景下基于解决科技研究、技术创新、研发服务之间的关系而成立的科研机构，这类机构以及不同于传统的科研机构仅仅以基础研究或者应用研究为主，③ 更加强调产业链和创新链的结合，按照市场需求确定研究方向，以科技创新为手段，最终促进产业和经济发展，是科技与经济结合的新模式，也是创新驱动推进高质量发展的实践。这些机构发展过程取得了一些成绩，但是还存在一些明显的问题：在地域上分布很不平衡，主要集中在东部和中部地区；实体化运行不到位，科研力量整合力度不到位，有组织的科研做得不到位，机构经费来源单一等。

一、新型研发机构概述

新型研发机构是近年来响应科技体制改革建设的新型科研组织形式，起初被国内学者冯冠平用"四不像"来概括：既是大学又不完全像大学，既是科研机构又不像科研机构，既是企业又不完全像企业；既

① 操秀英，刘垠. 壮阔东方潮 创新强国路：中国共产党领导科技事业发展纪实[N]. 科技日报，2021-07-01(1).

② 李燕明. 新型研发机构科技成果转化与技术转移对策研究[J]. 中文科技期刊数据库(全文版)经济管理，2022(7)：0279-0282.

③ 王炫，海本禄，张宏峰. "十四五"期间构建河南省高质量实验室体系的创新资本路径研究[J]. 河南科技，2022，41(19)：123-127.

是事业单位又不完全像事业单位,① 但是新型研发机构的概念界定并非清晰一致,各省探索的更多是新型研发机构体制机制的创新。

2019 年 9 月,科技部印发了《关于促进新型研发机构发展的指导意见》,明确了新型研发机构是聚焦科技创新需求,主要从事科学研究、技术创新和研发服务,投资主体多元化、管理制度现代化、运行机制市场化、用人机制灵活的独立法人机构。② 新型研发机构期望打破传统科研机构的局限,不纳入机构编制核定范围,不明确机构规格,不核定事业编制,刺激市场、高校和政府之间的结合,③ 打破以往单纯依靠高校、科研院所、企业建设实验室的局面,以实验室为平台汇聚此领域的优势力量形成合力,瞄准国家重大需求,解决国家重大科技问题。

湖北是中部科教大省,具有良好的新型研发机构工作基础。湖北省政府坚持四个面向,根据高校优势科研力量及龙头企业需求建设十个湖北实验室。在领域布局上坚持市场导向,主要从满足重大战略需求和湖北省产业经济发展需要确定湖北实验室的领域布局;在运行管理方面坚持新管理模式、新运行机制,采取"1+N"的建设模式,形成"核心+联盟"的创新格局,建立"矩阵式管理、项目化组织、第三方评估"的科研模式,以及"开放、流动、竞争、协同"的用人机制;④ 在考核机制方面坚持创新,建立"利益共享、社会共促"的成果转化机制,

---

① 杨艳娟. 加快新型研发机构建设的浙江思路和对策研究[J]. 经济师,2020(11):130-132,134.

② 须自明,李克为,胡凯. 深度融合型新型研发机构建设研究[J]. 产业与科技论坛,2021,20(12):228-232.

③ 赵剑冬,戴青云. 高校主导建设的新型研发机构运作管理模式[J]. 中国高校科技,2017(12):11-15.

④ 赵洁. 高校牵头组建湖北实验室的探讨[J]. 科技资讯,2021,19(18):191-194.

以大科学装置为核心的科研设施共享机制和科学合理的绩效评价机制。① 武汉市人民政府于2021年6月成立了武汉产业创新发展研究院(以下简称"武创院"),实行理事会领导下的院长负责制,采取企业化管理、市场化运营,致力于做好"政府不能做、高校不去做、市场不愿做、企业想做却又做不了的,但科技创新又必须要做"的事情。通过机制体制的改革激发创新主体的活力,扩大科研机构的自主权,解决管理上的行政化,使科技创新和体制机制创新同步进行。

依托高校建设的新型研发机构可以把丰富的科教人才资源和科技创新优势转化为区域竞争优势和高质量发展优势,把科研与产业转化更加紧密地结合。武汉大学作为综合性研究高校,2021年依托学校组建成立了2家新型研发机构,即湖北珞珈实验室和武汉量子技术研究院。湖北珞珈实验室聚焦空天科技领域,集成了湖北地区以及自然资源部所辖空天科技领域科研院所、高校、企业等优势单位的优势学科、优势力量,着力突破空天科技领域共性关键技术,开展科技创新和产业化实践。② 武汉量子技术研究院由武汉东湖新技术开发区举办,武汉大学牵头依托3家高校(科研院所)共同组建,力争成为国内一流的量子关键核心技术研发基地。

二、基于高校组建新型研发机构发展中的 问题及原因分析

高水平研究型大学是基础研究的主力军。现如今提出高校不仅作

① 赵剑冬,戴青云. 高校主导建设的新型研发机构运作管理模式[J]. 中国高校科技, 2017(12):11-15.

② 李燕明. 新型研发机构科技成果转化与技术转移对策研究[J]. 中文科技期刊数据库(全文版)经济管理, 2022(7):0279-0282.

为基础研究中心，还要成为重大技术重大科技突破的主力军，对高校来说，下一步要加快推动有组织的科研，改变现在"弱小散"的状态。基于高校组建的新型研发机构，在其运行发展中主要有以下三个方面的问题。

（一）实体化运行不到位

政府给予较多的改革政策，由于新型研发机构依托高校建设运行，在人才引进、团队组建、科研项目等方面无法完全脱离所依托单位，独立运行的组织架构、管理团队和运行机制还不健全，在体制上与牵头单位未做好有效对接，导致运行机制不通畅，没有突破传统科研院所的框架束缚，在实体化运行方面做得不够深、不够实，还未探索出有效的改革举措；另一方面，多元理事会的管理模式在一定程度上也造成了新型研发机构决策程序比较复杂，决策效率不是很高的问题。

（二）科研力量整合力度不到位

由于基于高校组建的新型研发机构一般由多个共建单位组成，可能包含校内和人才培养单位、校外企事业单位和科研院所，在如何有效整合各单位人才资源、运用技术优势、推进联合攻关和成果转化方面缺乏有效的载体和方式，不能充分发挥牵头及共建单位的作用，导致各方创新资源整合不够，共建单位积极性不高，参与感不强，不能很好地形成共建合力。

（三）有组织的科研做得不到位

新型研发机构聚集了高校、科研院所、企业的研究力量，但由于整理力度不到位，研究方向不够聚焦，不能充分聚焦本领域的重大科学问题；机构定位瞄准国家需求，可实际上有计划、有组织地策划重大项目较为欠缺，同时与企业共同开展技术攻关力度不够；行业单位联合争取科研项目，而在管理模式上与传统的科研事业单位相比，更像科研项目制运行模式，没有跳出现有体制机制的束缚，无法很好地激发科研人员的积极性，从而真正实现科研成果促进产业和经济的发展。

（四）政府支持力度不够

对于新型研发机构而言，政府主导的色彩较强，建设阶段存在过度依赖财政投入的问题；政府迫于资金绩效考核，导致机构不能自主选择科研方向进行科研活动；近几年成立的新型研发科研机构在项目组织管理、经费投入保障、人才引进、薪酬制度方面得到的支持力度不大。

三、基于高校组建新型研发机构的建设思考

基于高校组建的新型研发机构，应结合国家战略导向、地方和行业需求，统一思想，凝聚共识，聚焦主要研究方向，以任务和目标为导向，细化具体研究任务，完善组织架构，畅通体制机制，在实体化运行、有组织的科研活动、汇聚共建力量、成果产出等方面实现突破。具体建议举措如下。

（一）强化实体运行，健全保障激励机制

在健全组织机构、畅通运行机制、释放激励政策等方面强化实体化运行。拓展科研空间，谋划扩充空间，主动与地方政府对接，争取校外科研办公场所，规划未来办公场地；充实管理团队，提高管理运行效率；健全内设机构，实体运行管理；灵活用人模式，畅通人才引

进和上升通道，采用灵活聘用制和固定教职相结合的方式充实管理和研究队伍；推进人才培养，依托高校吸纳优秀研究生参与机构建设；加强内控体系，完善项目管理、运行管理、人员管理、经费管理、决策管理等制度体系；释放激励政策，完善经费使用包干制，优化科研绩效管理，调整成果转化政策，强化科研奖励等激励和优惠政策，给予科研人员更多自主权，激励科研人员依托实验室开展科学研究。

（二）强化顶层设计，开展有组织的科研

首先，湖北省政府结合省内产业发展战略以及国家重大需求布局十家湖北实验室，在实际运行过程中应更加注重结合湖北特点以及差异化的发展思路，突出与国家战略接轨，突出省内一流，突出稳定的建设支持和"放管服"改革，形成特色鲜明、稳步发展的湖北实验室体系；其次，在团队建设、项目组织策划、资金管理与成果产出等方面推进有组织的科学研究，组建特色团队，形成特色鲜明、优势互补的专兼职研究团队，优化研究人员结构；谋划重点项目，围绕确定的主要研究方向，联合策划申请或承担国家及省、市、区重大项目；推进已有项目，加快产出优秀成果，实现量质齐升。

（三）强化优势互补，整合汇聚共建力量

在整合力量、业界交流、联合技术攻关、产学研融合等方面推进形成共建共同体。凝聚共建合力，建立常态化联系机制；加强业界合作，围绕产业应用，加强与业界和应用领域头部企业合作；推进联合研究，围绕研究方向和行业需求，动员专兼职人员特别是全职研究人员积极争取与共建单位、行业及交叉研究领域的企事业单位开展项目合作，联合攻关；加速成果转化，结合基于高校组建新型研发机构的共建模式，掌握最新行业进展和技术需求，拓宽科研成果转化渠道，

争取在成果转化方面取得突破。

四、结　　语

基于高校组建的新型研发机构"四不像"的特点，在一定程度上可以很好地推动高校、科研机构、企业等创新主体深度融合，深层次地解决国家重大科技问题。但在实际建设运行过程中，一方面要结合学校优势研究方向，大力推进从基础研究到应用研究；另一方面也要结合地方需求，在发挥优势的同时，服务地方经济发展，通过新型研发机构的发展反哺学校学科建设，实现双赢。

高等学校重大科技创新平台发展的思考

赵　洁　胡　浩　谭　佳

武汉大学科学技术发展研究院　武汉大学国内合作部

摘要：重大科技创新平台以平台为载体进行资源优化配置，以解决某一个共同的科学前沿问题、关键技术问题、社会发展重大理论或现实问题为目标，高校重大科技创新平台在面对国际社会和经济发展趋势时，应充分发挥自身独特的科教优势资源，从整个学科群进行凝练并提出学科发展前沿问题和重大社会问题，寻求最佳结合点，以实现学术研究和社会水平的同步提高；依托创新平台进行跨学科、跨产业的资源整合，为社会经济高质量发展提供新的知识供给，以多种方式满足多样化需求。

引　　言

科技创新平台代表着本领域科技创新的最高力量，经过多年的建设，形成了涵盖各个领域基础研究、应用研究、服务共享的局面，在培养青年人才、汇聚顶尖人才、建设优秀团队方面发挥着重要作用。近几年，错综复杂的国际环境带来了新矛盾新挑战，世界各国在科技领域的竞争日益白热化，在支撑服务国家重大科技发展战略和提升国家科技创新能力方面对科技创新平台提出了更高的要求。①

为了应对国际环境和社会发展对科技创新平台建设的挑战，2014年由国务院印发《关于深化中央财政科技计划（专项、基金等）管理改革方案》，推进国家科技创新基地的优化整合工作；2017年，科技部会同财政部、国家发展和改革委员会联合颁布《国家科技创新基地优化整合方案》②，文件中提及各创新基地坚持分类管理原则，根据其功能定位强化分类管理、分类支持，探索完善国家科技创新平台体系建设；"十四五"规划和2035年远景目标纲要也提出以国家战略性需求为导向推进创新体系优化组合，加快构建以国家实验室为引领的战略科技力量。③

高水平科技创新平台尤其是国家级平台及省部委级重大平台依托高校建设比例较高，高校发挥自身独特的科教优势资源搭建平台，利用平台进行科学问题的凝练，同时，科学问题是相关学科发展的引领，是各学科有机联系的基础框架。这种发展模式也存在一些明显的学术弊端，高校长期处于学术象牙塔内与社会接触越来越少，现在国际形势的变化急切需要这些平台与时代发展紧密接轨，把基础研究与技术开发和产业化应用深度融合，孕育出一批具有产业变革前景的重大颠覆性技术成果。

一、重大科技创新平台

我国已建科技创新平台包含国家级科技创新平台、省部级科技创

① 邸月宝，陈锐. 国家实验室和国家重点实验室简述[J]. 今日科苑，2019（7）：24-33.

② 于大勇. 国家科技创新基地优化整合方案发布[EB/OL]. （2017-08-29）[2023-05-24]. https://www.sohu.com/a/168119509_99967819.

③ 应验，董俊林，贾宝余. 国家战略科技力量研究综述：现状、不足与展望[J]. 创新科技，2022，22（9）：1-10.

新平台、市级重点实验室及高校内部组建的重点实验室、研究所，这些平台尤其是重大科技创新平台一直立足于世界科技前沿，不断地推动我国基础研究和应用基础研究的发展，形成成果、人才与平台紧密结合的发展模式。现如今，中国正处于由科技大国迈向科技强国的关键时期，重大科技平台的发展面临着以基础研究和学科发展为核心①、在技术成果转移上发力的建设目标转向以国家需求为导向、解决"卡脖子"问题为己任，更加强调原始创新和引领变革性技术创新能力。

2021 年，习近平总书记在中国科协第十次全国代表大会上指出国家实验室、国家科研机构、高水平研究型大学、科技领军企业都是国家战略科技力量的重要组成部分。② 国家实验室建设进入整体规划、加速推进的新阶段，在中央的统筹谋划和大力推进下，国家重点实验室、国家工程实验室开始进行本领域资源整合优化，以提升原始创新能力和促进经济发展为目标，是国家科技战略的中坚力量，国家级平台的建设进入战略提升阶段；各地涌现出一批新型研发机构，这些机构在机制体制建设方面进行了新的探索，期望适应当今国际形势和科技发展多重需求，力争成为国家战略科技力量并服务地方经济。

当今世界百年未有之大变局加速演进，科技创新成为各国博弈的主战场，由此引发科学研究范式的变革以及学科快速交叉融合，③ 建设高水平科技创新平台、提升科技创新能力日益成为综合国力竞争的战略制高点。高水平科技创新平台尤其是重大科技平台如国家级平台及省部级平台依托高校优势科教资源建设的居多，其中教育部作为主

---

① 赵洁，项瑞望. 国家重点实验室建设发展的问题及思考[J]. 科技与创新，2021(20)：129-130.

② 赵洁，项瑞望. 国家重点实验室建设发展的问题及思考[J]. 科技与创新，2021(20)：129-130.

③ 赵洁，项瑞望. 国家重点实验室建设发展的问题及思考[J]. 科技与创新，2021(20)：129-130.

管部门的国家重点实验室单位占比 51.6%，国家工程技术研究中心第一依托单位是高校占比的 26.9%。① 依托高校建设的国家级平台大量汇聚了此领域的人才团队、科研资源，同时带动了此领域学科的发展。现在，新一轮科技创新平台改革正在进行，高校科技创新平台作为科技创新平台的重要组成部分，应抓住此次机遇提高创新能力从而带动学科发展。

二、高等学校重大科技创新平台

从高校科研队伍的规模、条件资源和成果产出等指标综合衡量，高校科研已是国家科研体系的重要内容，同时在国家创新体系的建设中发挥了极其重要的作用。高校科研工作的开展也是从最初的自由探索发展为现在有组织的基础研究与应用研究并存的多元体系。从 20 世纪 80 年代开始，一些高校出现独立设置的国家级平台，以科研为主、教学为辅并培养了一定数量的研究生，教学与科研密切融合起来。高校科研平台不仅承担科研职能还服务于社会经济，帮助国家解决了"卡脖子"问题以及企业发展过程中的关键核心技术问题。

高等学校科技创新平台一般会依托本校一个或若干个优势、重点学科建设，将学校的学科建设、人才建设与科技发展统一起来，尤其是重大的科研创新平台积极推动着科研人员和科研资源的自由交流以及学科的交叉研究。科研平台作为高校科研创新体系极其重要的一部分，同样在重点学科的建设中发挥着重要作用，像学校核心竞争力、学术地位这些方面的影响是其他资源无法替代的；并且高校依托此学科建设的一流科研平台是支撑高校"双一流"建设的关键要素，测绘遥

① 谢焕忠. 坚持科学发展观 再接再厉 扎实工作 开创高等学校科技工作新局面[J]. 研究与发展管理, 2005, 17(3): 120-127.

感信息工程国家重点实验室支撑武汉大学遥感学科 2017 年、2018 年、2019 年、2020 年、2021 年连续五年被"软科"排名为世界第一,依托华中农业大学建设的作物遗传改良国家重点实验室、农业微生物学国家重点实验室,"生物学与生物化学"和"植物学与动物学"在世界 ESI 学科排名中排名前 5‰。①

学科建设是高校发展的重中之重,科研平台汇聚高校学科力量开展跨学科联合研究促进优势学科的融合发展②,为高校开展高水平科研工作提供基础条件外还可以满足创新人才培养、创新团队建设,服务经济社会高质量发展的需要;学校优势学科为科研平台提供学科重大的科学问题和现实问题,平台应用基础理论与应用技术的原始创新开展科研工作促进学科发展。高校科技创新平台通过开展科学研究和学术活动加强学科建设,在其发展过程中可使相关学科和院系充分挖掘结合点激发学科潜力,中山大学基于国家海洋强国战略和广东省的海洋强省战略,以学校多学科为基础,以南海研究院平台建设为切入点,开展优势学科和大科研平台协同建设③,这样学校原有的优势学科在得到巩固和发展的同时带动其他学科发展,提升学校的核心竞争力。

高校科研平台除了承担科研任务的同时肩负着教学、培养人才的使命,为社会培养创新能力强、综合素质高的研究生。虽然高校科技创新平台的数量、级别、科研经费以及发展水平直接影响着高校科技水平以及学科竞争力,但是我们也要清楚高校科技创新平台是学校科技创新体系的基础性、长期性工程。尤其是现在国际形势风云多变,

① 赵洁. 高校牵头组建湖北实验室的探讨[J]. 科技资讯, 2021, 19(18):191-194.

② 杨清华, 许仪. 综合性大学优势学科群与大科研平台的协同发展[J]. 实验技术与管理, 2018, 35(6):9-11.

③ 杨清华, 许仪. 综合性大学优势学科群与大科研平台的协同发展[J]. 实验技术与管理, 2018, 35(6):9-11.

国家极其重视战略科技力量建设，要一步一个脚印地把高校科研平台打造成为高水平科学研究的重要基地和高水平科技成果的发源地。

三、高等学校重大科技创新平台发展的思考

近年来，各高校、科研院所高度重视科技创新平台的创建与发展，高校科技创新平台得到了快速发展。现在，错综复杂的国际环境给科技创新平台的发展带来了新矛盾和新挑战，高等学校重大科技创新平台充分发挥自身独特的科教优势资源，使平台发展与时代发展紧密接轨，具体可以从以下几点做起。

（一）立足新发展阶段

高等学校重大科研平台在国家战略科技力量体系中占有举足轻重的地位，平台在科研资源汇聚、人才团队建设方面发挥着重要的作用，现在各个国家越来越意识到科技发展对于国家国际地位及社会经济发展的重要性，《国家中长期教育改革和发展规划纲要》指出，"加强高校重点科研创新基地与科技创新平台建设，完善以创新和质量为导向的科研评价机制"。平台的建设突破原来以论文、项目、人才头衔为评价标准，更加聚焦创新和质量；高校科技平台要跳出现有的学术象牙塔，应国家所需展开科学研究，拓宽科技新视野，以国际视野抢占科技竞争制高点；利用高校多学科优势打破传统学科壁垒和界限，进行多学科交叉研究，巩固现有优势和特色学科，带动优势传统学科的发展，力争在新学科上寻找突破点。

（二）贯彻新发展理念

我国的科技发展已从跟跑进行到并跑，甚至在某些领域已实现领

跑，个人自由探索无法满足进一步的发展，更加鼓励团队以任务导向攻关重大任务，形成有组织科研与自由探索相结合的科研模式。科学家结合本领域学科知识凝练本领域学科重大问题，敢于提出引领新一轮的科技改革真问题；基础研究更加聚焦原始创新，打破学科、学院界限，组织优势力量在原始创新领域取得新突破、研究真问题，在一些领域抢占新一轮科技发展话语权；应用研究加强创新链与产业融合，在重要科技领域实现跨越式发展从而推动关键核心技术的发展，解决实现关键产业技术自由可控真问题；尤其是突破现有的机制体制，贯彻有组织的科研理念，构建平台化支撑科技力量新格局，打造战略科技力量战略牵引，推动学科发展，发挥研究的前沿性和应用性。

(三) 推动高质量协同发展

我国的科技创新平台分为基础研究、应用研究、服务共享三大类型，高校科研类型领域和内容体系具有多样复杂性以及科研组织方式的多元性。基础研究类创新平台跳出已有学术研究为主的圈子，应国家所需强化原始创新能力，成为国家战略科技力量，支撑学科发展；应用研究类创新平台支持地方经济发展，加强科技与经济的结合，打造研发、产业、市场有机循环体系，提升服务国家经济能力；服务共享类创新平台坚持提供公益性、共享性、开放性基础支撑和科技资源共享服务。各类创新平台明确发展方向，形成打破技术领域边界的合作环境和机制，各级平台联动发展，避免资源浪费，各科技创新基地之间协同发展，全方位共同组成国家创新体系，成为科技发展能力的重要标志之一。

四、结　　语

随着错综复杂的国际环境我国科技创新平台面临新一轮改革，高校重大科技平台作为国家科技创新体系的一部分需要进行全面的改革，既要利用好自身多学科的优势，凝练重大科学问题，带动学科发展，也要跳出学术圈，以国家重大需求及解决行业"卡脖子"技术问题为导向，把自身打造成适应新时代创新驱动发展的科技创新平台。同时，高校众多平台坚持自身优势，共同支撑高效协同国家创新体系的建设，实现高水平科技自立自强的重要使命和责任担当。

促进科技成果转化，推动国家科技创新

潘志宏　季　晨

武汉大学计算机学院

摘要：促进科技创新发展活力的关键是科技成果转化。科技成果能否实实在在地转化，直接影响着科技成果是否能形成真正的生产力，并解决实际的技术难题。本文从五个方面分析了如何做好促进科技成果转化，阐述了科技成果转化在国家科技创新中的地位和作用。

引　　言

党的二十大报告提出，"要深入实施科教兴国战略、人才强国战略、创新驱动发展战略，必须坚持科技是第一生产力、人才是第一资源、创新是第一动力"。如今，科技发展和产业转化升级越来越受到重视，科技创新正在改变着社会的发展和每个人的生活。经过四十多年的改革开放，我们国家的经济建设已经取得了快速发展，现阶段正在向高质量发展转化。因此，要改变以往依靠低成本劳动力、自然资源和土地等传统要素驱动经济发展的模式，逐步实现依靠科技创新来驱动经济发展。科技创新是增强国家核心竞争力以及综合国力的最重要的因素之一。科技创新可以改变每个人的生活水平和质量，使普通老百姓都能感受到科技创新带来的红利。因此，实现强国梦，离不开科技创新的重要引领。只有重视科技创新，才能实现创新驱动发展战略，真正实现国家的强盛和人民的富裕。党和政府历来非常重视并完善国家科技创新体系建设，把科技创新和实现高水平科技自立自强摆在国家发展全局的核心位置。而科技创新离不开科技成果转化，科技成果能否实实在在地转化，直接影响着科技成果是否能形成真正的生产力，从而解决实际的技术难题，为经济和社会发展提供强有力的支撑。

《中华人民共和国促进科技成果转化法》对科技成果是这样定义的：科技成果是指通过科学研究与技术开发所产生的具有实用价值的成果。科技成果具有四个基本特征：（1）新颖性与先进性；（2）实用性与重复性；（3）应具有独立、完整的内容和存在形式；（4）应通过一定的形式予以确认。促进科技成果转化是国家科技创新体系建设的重要一环，是实施创新驱动发展战略的重要任务之一。习近平总书记高度重视科技成果转移转化工作，多次作出重要指示，明确要求"科技部要会同有关部门做好促进科技成果转移转化行动"。国务院原总理李克强指出："要加快科技成果转移转化，打通科技与经济结合的通道，尽快形成新的生产力。落实创新发展理念，实施创新驱动发展战略对科技成果转化工作提出更高、更迫切的要求。"我国各级政府和相关部门不断推出科技成果转化的新政策，科技成果转化法律法规和政策一再寻求突破。特别是近年来，改革力度不断加强，各地方政府也推出相应措施，进一步完善科技管理体制和机制，鼓励原创科研成果的产出，鼓励科技成果的真正转化，激励科技工作者积极参与科技成果转化。

一、有法可依是科技成果转化的保障

为促进科技成果转化，国家制定和出台了一系列法律法规等政策性文件，旨在调动广大科技人员参与科技成果转化的积极性，加速科技成果的转化，推动经济社会的发展。《中华人民共和国促进科技成果转化法》《实施〈中华人民共和国促进科技成果转化法〉若干规定》和《促进科技成果转移转化行动方案》被称为"科技成果转化三部曲"。

《中华人民共和国促进科技成果转化法》于 1996 年 5 月公布，2015年 8 月修订，从法律层面规范了科技成果转化的处置权和收益，规定国家设立的研究开发机构、高等院校对其持有的科技成果——通过协议定价、在技术交易市场挂牌交易、拍卖等方式确定价格——可以自主决定转让、许可或者作价投资。科技成果转化所获得的收入全部留归本单位。

《实施〈中华人民共和国促进科技成果转化法〉若干规定》于 2016年 2 月印发，目的是确保《中华人民共和国促进科技成果转化法》落到实处，并对其做了细化和补充，其主要内容涉及促进研究开发机构和高等院校技术转移、激励科技人员创新创业、营造科技成果转移转化良好环境等方面，赋予了高校、院所科技成果转化的自主决定权，保障了市场化的科技成果定价方式，提高了科技成果完成人员的奖励和酬金比例，明确规定科研人员在履行岗位职责、完成本职工作的前提下，可以到企业兼职从事科技成果转化活动，也可以在原单位申请原则上保留 3 年时间内的人事关系，离岗创业从事科技成果转化活动，确定了兼职创业、离岗创业等的合法性。

《促进科技成果转移转化行动方案》于 2016 年 4 月印发。其目的是将已经出台的法律规定"抓实、落地、生根"，内容主要涉及激发创新主体积极性、加快国家科技计划成果应用、完善支撑服务体系、支撑区域产业发展转型升级等方面。在方案中明确提出了"十三五"期间要在全国建设 100 个示范性国家技术转移机构，布局建设 10 个国家科技成果转移转化示范区。

《中华人民共和国促进科技成果转化法》《实施〈中华人民共和国促进科技成果转化法〉若干规定》和《促进科技成果转移转化行动方案》这三者形成从修订法律条款、制定配套细则到部署具体任务的三部曲。此外，科技部、教育部和各省市也纷纷出台相关管理办法，打出了科技成果转化的一系列组合拳，从政策层面消除了科技人员的顾虑，激发了创新主体科技成果转移转化的积极性。有了政策法规的保障，就能支持企业和高校、科研院所各司其职、各尽其责，共同促进科技成果的转化。

二、市场机制是科技成果转化的基础

在我国，科技成果转化以市场的需求和导向为基础。科技活动与产业需求进行结合，科技成果在实践生产中得到应用，从而推动着经济和社会发展。一是要明确市场在创新资源配置中起到的决定性作用。只有市场有需求，才会有科技成果的转化。不论是新技术成果开发，还是原有技术的升级改造或是产业转型，都不是一个单一的技术活动，而是一项涉及需求、设计、开发、研究以及实际应用、成果推广、产生效益的系统工程。这些仅仅通过企业与高校及科研院所的对接和交流是不可能实现的，而必须以市场的需求为导向，通过确定合理的技术研究方向，选择合适的技术路线加上适当的市场定位和推广模式，使技术为市场所用，为市场服务，进而最大程度发挥技术的作用，让技术结出科技成果，从而促进技术创新和市场供给有效地结合，对市场的发展提供有力的支撑和推动。二是企业与高校、科研院所等创新主体各司其职、各尽其责。企业积极发挥技术创新主体作用和科技成果转化的市场优势，高校及科研院所积极发挥人才和技术优势，建立以企业为主体、市场为导向、高校及科研院所为科技成果转化基地的产学研用创新体系，共同面向世界科技前沿、面向经济主战场、面向国家重大需求、面向人民生命健康展开科技攻关并解决"卡脖子"问题，充分利用各自长处和资源，构建高校、科研院所与企业合作利益共同体，根据市场需求大力促进技术形成科技成果，并实现科技成果转化。

三、科学评价是科技成果转化的前提

科技成果评价在 2006 年之前是以科技成果鉴定的形式开展的，主要是由政府相关部门主导开展，在每个项目结题时组织专家召开鉴定会，出具鉴定意见，目的是判断科技成果的真伪和科技成果的水平。2006 年，国家取消政府部门科技成果鉴定的行政许可，政府部门的职责从科技成果鉴定转换为管理监督，对科技成果进行评价的机构科技成果评价也从对科技成果的鉴定转变为对科技成果的评判，科技成果评价也从政府行为转变为科技服务行为，科技成果的评价更具科学性，也更利于促进科技成果转化。

科技成果评价通过专业机构组织权威专家从技术创新程度、技术指标先进程序、技术难度复杂程度、技术成熟度、成果应用效果、取得的经济社会效益与社会效益等方面进行。科技成果评价结果是国家科技成果登记和申报科技奖的重要佐证材料，可以有效减少技术交易中买卖双方的交流时间和谈判难度，从而提高交易效率，有利于获得投资方和合作方的认可，因此是科技成果转化的重要评判依据。通过科学的科技成果评价机制，体现科技成果的价值，更精准地将科技成果与市场需求匹配，以科技成果评价为抓手，推动创新资源整合共享，推动人才交流合作，推动科技研发攻关，从而促进技术转移与科技成果转化。

四、改变观念是科技成果转化的推手

目前，我国成果转化最大的问题之一就是高校、科研院所的研究与市场需求脱节比较严重。曾经一段时间内，高校、科研院所的科研人员迫于高校评价体系和职称晋升压力，重数量轻质量，更谈不上成果转化，为了发论文而发论文，为了写专利而写专利的情况屡见不鲜。研发的成果与市场需求不匹配，最典型的表现就是我国的专利数量已经跃居世界第一，但专利转化率不足 20%，产业化不到 5%，与欧美日等发达国家相距甚远；另一方面，企业实际的技术难题，高校和科研院所或者没有渠道知道，或者不愿意做，这导致科研与生产实际严重脱节。还有就是部分科研人员对自己的科研成果的价值没有充分认识，不知道可不可以转，怎么转，造成部分科技成果束之高阁，无法体现出价值，无法转化为生产力。因此，在科技成果转化上，科技主管部门和相关部门要改变观念，以满足实际需求和解决"卡脖子"问题为导向，将理论研究与应用研究相结合，在项目立项上以企业为主导，企业委托高校和科研院所来进行技术攻关。科研人员也必须转变观念，真正深入企业，了解企业的需求，有针对性地开展技术攻关，解决技术难题，任何科研成果只有真正实现了转化才能更好地体现出价值。

五、专业队伍是科技成果转化的关键

科技成果转化涉及企业、高校、科研院所等创新主体，包含法律、金融、资本、市场、技术、管理等诸多因素。它既不同于一般的科研管理，也不同于一般的商务洽谈。科技成果转化本质上是一种商业行为，任何的创新主体要单独完成都是很难的：高校、科研院所作为技术供应方，所擅长的是技术和科技前沿信息，而对市场应用及企业需求方面了解不多；企业作为技术需求方，擅长的是市场，却缺乏技术和人才。因此，培养一批既懂技术又懂市场的专业化技术经理人队伍和建立专业技术产权交易市场是大势所趋。技术经理人作为"复合型"专业人才，既精通技术，又懂得商业运作，同时还掌握法律、金融、管理等知识，可以很好地在企业和高校、科研院所之间搭建一个平台，发挥桥梁和纽带作用，为技术供应方和技术需求方建立日常沟通渠道，并充分调解双方的矛盾和纠纷，参与科技成果转化全过程管理，最大程度维护各方的利益，是打通科技成果转化"最后一公里"的困境，促进科技成果转化的非常重要的一环。

目前，科技创新能力直接影响着国家的综合国力和核心竞争力，一个国家在国际上有多高的地位，有多重的话语权，科技创新发挥着非常重要的作用。而科技成果转化是科技创新的重要环节，是提升国家创新体系效能的关键所在。以习近平同志为核心的党中央高度重视推动科技成果转化应用，多次强调"加速科技成果向现实生产力转化"，把促进科技成果转化摆在十分重要的位置进行谋划部署。近年来，随着科技成果转化的法规体系日趋完善，随着政策激励措施日趋增强，科技成果转化的渠道日趋畅通，全社会对科技成果转化的参与度越来越高，对科技成果转化的投入也越来越大，科技成果转化水平越来越高，在科技创新中的地位越来越重要，对支撑国家经济和社会高质量发展的作用越来越显著。

◎ 参考文献

[1] 全国性科技成果转移转化政策梳理与解读[EB/OL].[2022-10-07].
http://kjcgzhzx.hsnc.edu.cn/info/1075/2084.htm.

[2] 科技成果[EB/OL].[2022-10-09].https://baike.so.com/doc/67811
41-6997477.html.

[3] 以市场导向推动科技成果转化(人民时评)[N].人民日报,
2020-04-07(9).

[4] 吕凤兰,殷绚,周治.市场机制视角下高校科技成果转化现状与路
径探讨[J].中国高校科技,2021(3):94-96.

[5] 周伶俐,高岩.江苏省科技成果评价机制改革实践及策略研究[J].
江苏科技信息,2022,39(33):1-4.

[6] 唐涛,杨睿智,刘洪麟,等.新形势下科技成果评价面临的问题与
对策[J].技术与市场,2022,29(10):166-167,170.

[7] 杨剑英,莉樊丽.高校技术经理人角色定位及其提升策略研究[J].
内蒙古科技与经济,2022,7(13):32-34.

关于提升高校科技管理服务水平的思考

周舒毅

武汉大学科学技术发展研究院

摘要： 随着我国经济社会的快速发展，科技创新已成为我国实现高质量发展的重要一环。高校作为科技创新、知识创新的源头，是科技第一生产力、人才第一资源和创新第一动力的结合点，是实现科技创新的中坚力量。只有提升科技管理水平，实施高效的科技管理，才能保证持续、顺利地开展科学研究与更好地推动高校科技事业的发展。本文论述了我国高校科技管理的基本概念和重要性，归纳总结了目前我国高校科技管理存在的一些问题，就如何加强我国高校科技管理提出了几点建议。

引　言

高校科技管理是当今高等教育体系中的重要组成部分，它不仅关系到高校的科研创新和成果转化，也影响着国家科技实力的提升。本文将探讨高校科技管理的现状与挑战，并提出一些关键性观点，以帮助我们更好地理解高校科技管理的重要性以及如何加强和改进这一管理工作。高校科技管理的发展对于推动科技创新、服务社会发展、提升高校竞争力具有重要意义。通过深入研究和思考，我们可以为高校科技管理的改革与创新提供有益的参考和建议。

一、相关概念界定

(一) 高校科技管理的概念

高校科技管理是一种综合性活动，主要目标是根据高校科技工作的目的和规律，有意识地协调和整合高校科技系统内外各种关系和资源，进而实现既定的科技系统目标。这个过程实际上涉及解决高校与外部环境之间的矛盾，高校科技系统内部不同子系统之间、子系统与个体之间的矛盾。①

高校科技管理活动是在高校科技系统的目标指导下进行的。它涉及将有限的资源投入高校科技系统，将系统各个组成部分有机地结合在一起，以实现不同的子目标，并在整体上更好地实现高校科技系统的总体目标。因此，高校科技管理的核心任务在于解决有限资源与高校科技系统目标之间的矛盾，以确保高校科技系统能够高效地实现其目标。

(二) 高校科技管理工作的重要性

首先，高校是科研的重要阵地。高校不仅培养未来科技人才，还开展各类科研项目，涵盖基础研究和应用研究。科技管理工作能够帮助高校更好地规划、组织和监督科研活动，确保资源合理配置，提高

---

① 邹永星. 基于期望理论视角的高校科技管理人员激励策略[J]. 科技风, 2022(29): 138-140, 165.

科研效率，推动科研成果的产出。

其次，高校科技管理有助于知识产权的保护。科研成果的知识产权保护对于创新激励至关重要。高校科技管理部门需要确保教师和研究人员的知识产权得到妥善保护，同时促进技术转移和产业化，将科研成果转化为实际应用。

最后，高校科技管理工作支持国家科技创新体系的健康发展。高校是国家科技创新体系的重要组成部分。科技管理有助于高校更好地融入国家创新生态系统，推动科技创新链条协同发展，提高整个国家的科技水平。①

二、高校科技管理的现状分析

(一) 多元化的科研领域和项目

高校科技管理的多样性体现在其广泛的科研领域和项目类型上。高校不仅专注于纯科学研究，还涉足应用研究和技术开发项目。高校在基础研究方面，投入大量资源进行前沿性基础研究，如化学物理学、生物化学领域，从而推动了科学知识的不断前进。与此同时，高校还积极与企业和政府部门展开合作，以解决各种实际问题，涵盖了从新材料研发到环境保护技术的广泛领域。这种多元化科研活动要求高校的科技管理团队必须具备广泛的专业知识，以便能够有效地管理和支持各类科研项目。这也意味着高校科技管理需要不断适应不同领域和项目类型的需求，提供定制化的支持和资源。

---

① 施振佺，郭畅. 大数据驱动的高校科技管理决策研究[J]. 科技管理研究，2021，41(21)：24-29.

(二) 创新政策的制定与实施

在高校科技管理中，创新政策发挥着至关重要的作用。高校积极地制定和执行这些政策，旨在激发教师和研究人员的创新活力，包括科研经费及绩效的分配、研究成果的知识产权保护以及技术转移支持等。举例而言，高校应建立创新奖励制度，以鼓励教师积极参与科研项目并取得卓越成就。

政策的制定和执行需要高校全面考虑国家政策与校内实际情况的变化。这确保了政策灵活性和持续性，以适应不断变化的科研需求和新兴领域的挑战。高校应该定期评估和调整政策，以确保它们仍然有效地推动科技创新和科研管理。政策的成功实施将有助于高校更好地发挥其科研实力，取得创新性成就，以及在科技领域取得卓越地位。①

(三) 国际合作与知识交流

在当今高校科技管理的现实背景下，国际合作和知识交流正变得至关重要。高校积极寻求与国际研究机构以及其他大学的合作机会。积极参与国际研究项目，这种国际合作不仅有助于高校获取国际范围内的资源和专业知识，分享最新研究成果，还可以吸引国际团队与老师的加入，进一步提高高校科技管理的水平。通过国际合作，高校可以获得来自世界各地的多元化观点和经验，推动科技管理的创新和发展。

三、高校科技管理存在的问题

(一) 高校科技资源配置管理不充分

首先，资源分配不均衡。在一些高校中，科技管理部门的资源配

---

① 丁超豪. 新时期高校科技管理工作创新改革研究[J]. 吉林省教育学院学报，2021，37(8)：128-131.

置可能偏向某些热门学科或项目，而忽视了其他的需求。这种不均衡可能导致一些有潜力的科研项目无法得到充分支持，进而限制了全面科技创新的发展。

其次，资源浪费问题。有时候，高校可能在项目管理、设备采购和研究经费分配等方面存在浪费现象。这种浪费不仅浪费了有限的资源，还可能导致研究成果质量的下降，降低了科研效率。

另外，资源管理不透明。有些高校科技管理的资源配置决策过程缺乏透明度和公平性，缺乏明确的标准和程序，容易导致资源的滥用和不公平分配。

(二) 高校科技管理机制不完善

高校在学生管理制度方面已经建立了全面且高效的体系，但却在科技管理制度方面未能满足新时代科技发展的要求。在高校管理体制改革过程中，科技管理制度还可以进一步完善。部分管理制度已经无法适应新时代科学研究的快速发展，严重妨碍了高校科技管理部门的创新和作用发挥。

科技管理机制在引导和塑造高校科技管理部门发展方向方面具有关键作用，因此需要充分重视，紧跟时代的发展潮流，需要投入更多的人力和资源来完善科技管理制度，以建立一个能够有效服务市场经济需要的科技管理机制。这将有助于促进科研成果的产业化，提升我国的经济实力，实现科技管理部门的创新和更好地服务社会的使命。[①]

(三) 高校科技配套设施管理不充分

科技管理配套设施的更新和维护不及时。部分科研设备老化严重，

---

① 李华一，陶重犇，徐树鹏. 新媒体时代高校科技管理体制机制改革现状研究——评《高校科技创新团队有效性形成机理与评价模型》[J]. 新闻爱好者，2021 (2)：113.

信息系统存在安全隐患。而设施的维护和更新投入不足导致设备故障频发，信息系统运行不稳定，影响了科技管理的效率和质量。

高校科技管理配套设施的不足也影响了科研人员的工作环境和条件。缺乏先进科研设备和实验室条件使得高校难以吸引优秀的科研人才，也制约了科研项目的开展和成果产出。

(四)高校信息化管理程度低

高校在信息技术领域的专业人才相对不足，导致信息化管理团队人才结构不合理，缺乏足够的技术支持和创新能力。这使得高校难以应对信息技术的快速发展和变化。

高校信息化管理的规划和战略缺乏前瞻性和整体性。一些高校的信息化建设常常是零散的、临时的，缺乏长远规划和整体设计，导致信息系统之间不兼容，信息资源难以共享。

信息安全问题也是高校信息化管理一大难题。信息泄露、网络攻击等安全问题时有发生，这不仅损害了高校的声誉，还威胁到了信息化管理的稳定运行。①

四、完善高校科技管理服务水平的建议

(一)加强高校科技资源配置的管理

高校应该建立科技资源的全面清单和数据库，明确了解拥有的各类资源，包括人力、物力、财力、信息等。这有助于高校全面了解自身的资源优势和短板，为科技管理决策提供数据支持。

---

① 管晓霞. 新时代高校科技管理部门综合办公室工作思考[J]. 办公室业务，2020(23)：181-183.

高校应该制定合理的科技资源分配政策和标准。资源的配置应该根据高校的科研方向、战略目标以及不同部门的需求来确定。建立公平、透明的资源分配机制,确保资源分配的公正性和合理性,避免资源的浪费和不当使用。

高校还应该加强对资源的监督和评估。建立科技资源使用的绩效评估体系,定期对资源的使用情况进行审查和评估。这有助于发现问题和不足,及时进行调整和优化。

(二)完善高校科技管理创新机制

高校科技管理面临挑战,需要更加灵活和更具有激励性的政策。高校可制定开放的科技管理政策,鼓励师生参与创新项目,提供经费和奖励机制。知识产权政策需完善,保护研究成果的知识产权,促进技术转移和产业合作。

项目管理和决策机制需要更加灵活,简化审批流程,减少行政程序。鼓励跨学科团队的形成,促进知识交流和跨领域创新。

积极培养创新文化,通过竞赛和创业孵化器激发创新精神,营造创新氛围。这将有助于推动科研成果的产出和转化,促进科技管理创新与发展。

(三)推动高校科技管理信息化

在信息时代,信息交流对于促进双方的共同发展至关重要。因此,必须确保高校内部之间的信息交流和共享,以帮助管理部门及时获取最新的数据,为政策制定提供服务与支持。借助互联网技术的支持,高校可以实时关注社会企业的发展现状和需求。然而,高校科技管理部门未能实现信息与管理工作同步,这个问题普遍存在。因此,需要加强信息化的覆盖范围和同步更新能力。

国家科研人员与高等院校学生之间的科技交流可以拓宽大学生的创新思维，激发其科技创新研发的积极性，推动高校科技管理工作的信息化进程。这种交流不仅有助于科技成果的分享，还可以为学生提供更多的实际经验和机会，加强其在科技领域的参与度和贡献度。

（四）完善高校科技配套设施的管理

高校应该建立并健全科技设施管理体系，明确设施的分类、使用管理流程和责任分工；设立专门的设施管理部门或委员会，负责设施的规划、购置、维护和更新等工作；确保设施的使用符合科研需求，提高设备的利用率。

高校可以积极开展科技设施的共享和合作，与其他高校、科研机构或企业建立合作伙伴关系，共同利用设施资源，降低设施运营成本，提高设备利用率。这有助于促进科技成果的快速转化和产业化。

高校应该关注科研人员的设备使用培训和技术支持，提供相关培训课程，帮助科研人员更好地利用设备进行研究工作。同时，建立设施使用的监督和评估机制，鼓励科研人员积极利用设备，提高设备的使用效率。

五、结　　语

高校科学研究与创新离不开科技管理。在不断发展的时代背景下，需要解决科技管理中存在的一些问题，例如资源整合困难、观念落后等等。同时，也要充分挖掘其潜能，对高校科技管理体制进行创新，激发科研人员积极性，充分利用高校的多学科资源等。不断完善科技管理机制，才能促进高校乃至全国科技管理工作的创新与发展。

随着国家对科学技术的愈加重视，高校科技管理工作面临着前所未有的机遇和挑战。只有不断完善高效率的科学技术管理体制,才能不断提高我国的科学技术水平与经济实力,使科学技术在时代的发展中发挥更大的作用。为适应新时期的需要与机遇,高校应积极迎接挑战,不断完善科技管理工作。

◎ 参考文献

[1]李辉,兰乐. "双一流"建设中高校科技管理的问题及对策研究[J].
价值工程,2020,39(18):57-58.

[2]研究与发展管理[J]. 研究与发展管理,2020,32(1):182.

[3]研究与发展管理[J]. 研究与发展管理,2019,31(5):160.

[4]罗占收. "双一流"建设中的高校科技管理变革——基于世界一流中医药大学建设联盟的思考[J]. 中国高校科技,2019(6):9-13.

[5]殷绚,周峰,管国锋,等. 新形势下高校科技管理政策的创新——以南京工业大学为例[J]. 山东化工,2019,48(3):119-120,123.

[6]张记江. 论如何创新高校科技管理体制与机制[J]. 智库时代,2019(2):62-63.

[7]穆淼. "放管服"改革背景下高校科技管理工作探索[J]. 科学咨询(科技·管理),2018(4):121-122.

[8]于洋,魏益凡,张逸驰,等. 浅谈高校主动型科技管理[J]. 中国管理信息化,2017,20(24):241-242.

[9]邵洁. 地方高校科技管理改革的问题与对策[J]. 中国高校科技,2017(S2):54-55.

[10]于洋,李德新,魏益凡,等. 浅谈高校科技管理工作的创新[J].
科技创新与应用,2017(34):28-29.

高校研究生科研诚信管理路径浅析

肖　潇

武汉大学工业科学研究院

摘要： 科研诚信是科研工作人员必须具备的基本品格和恪守的道德底线。近年来，随着研究生培养规模逐渐扩大，高校研究生的科研学术不端问题频发，科研诚信缺失现象屡见不鲜，这不仅破坏了学术生态，也将严重影响我国科技事业高质量发展。从长远来看，加强高校研究生科研诚信管理迫在眉睫。

引　言

党的二十大报告指出，必须坚持科技是第一生产力、人才是第一资源、创新是第一动力，深入实施科教兴国战略、人才强国战略、创新驱动发展战略，开辟发展新领域新赛道，不断塑造发展新动能新优势。对于我国科技事业发展来说，科研诚信是科技创新的重要基础，科研诚信是科研工作人员必须具备的基本品格和恪守的道德底线，如果触碰了这条红线，无论是社会还是高校都是"零容忍"。高校研究生是科技创新的主体，作为未来的科学家接班人，高校研究生在解决科研问题中扮演着重要角色，研究生的全过程培养管理，尤其是其科研诚信水平关系到我国研究生教育的整体水平，也间接影响我国科技事业的全面发展。随着高等教育的普及，我国研究生培养规模逐渐扩大，高校研究生的科研学术不端问题频发，科研诚信缺失现象屡见不鲜。如近年发生的天津大学与厦门大学"两篇硕士论文雷同"、西安电子科技大学本科生"通过网上购买代码完成论文实验"等学术不端行为，不仅破坏了学术生态，也将严重影响我国科技事业高质量发展。从长远来看，加强高校研究生科研诚信管理迫在眉睫。

一、高校研究生科研失信的主要表现形式

2022年8月，科技部等二十二部门印发《科研失信行为调查处理规则》的通知，加强我国科研诚信建设。该规则中所称的科研失信行为，是指在科学研究及相关活动中发生的违反科学研究行为准则与规范的行为，包括抄袭剽窃、侵占他人研究成果或项目申请书，编造研究过程、伪造研究成果。买卖、代写、代投论文或项目申报验收材料以及其他科研失信行为等八大类型。其中，涉及高校研究生的科研失信行为主要有以下几种：剽窃他人研究成果、伪造或篡改研究数据、一稿多投或重复发表、不当或滥用署名、代写或买卖论文以及科研经费或其他科研资源乱用等。

二、高校研究生科研失信的主要原因

近年来，高校研究生科研失信问题频发，既有整个社会大环境的影响，又有学术界自身的原因，同时也要归因于考核评价机制的缺陷。笔者认为，导致研究生科研失信的原因有很多，按照原因的主客体性

质，可以被归纳为两个因素，即个人因素和组织环境因素。其中，个人因素是主体因素，组织环境因素是重要影响因素。

1. 个人因素

（1）没有树立正确的科研信念

理想信念体现着一个人的世界观、人生观以及价值观。科研信念对于科研人员来说是从事科研工作的原动力。随着社会转型和城镇化进程的不断加快，人们对高品质生活的追求在无形之中加大了自身的压力。研究生由于还处在学校和社会的交界点，很容易受到生存压力与社会不良风气的影响，导致科研目标有功利化倾向。受各种现实因素的影响，部分研究生参与科研项目就是为了取得更多的科研成果，为自身谋发展，导致他们既没有全身心投入科研，也没有积极探索、不懈创新。

（2）部分研究生存在学术道德问题

随着经济社会发展，整体大环境急功近利的趋势呈上升局面，这就容易造成科学道德水准滑坡，从而引发一些科研诚信问题。长久以来，我国学术教育没有平衡好科学知识教育和科学道德教育的关系。在高校和科研院所中，部分科研人员虽然学历高，但是学术规范意识较差；部分同学把大部分的时间和精力用在考编、考证、频繁参加招聘会等，撰写学术论文时迫于时间压力，在缺少实验数据的情况下，为了尽快发表论文，抄袭别人的研究成果。

2. 组织和环境因素

（1）科研诚信教育不充分

科研诚信教育的过程复杂且周期性较长。相关调查表明，我国41所高校科研诚信教育管理机构的不统一也意味着高校在科研诚信教育上缺乏顶层设计，不能使高校的科研诚信教育有的放矢；约40%的科技工作者对于科研学术道德和学术规范缺乏了解，约50%的科技工作者没有系统学过学术规范，相当数量的研究生科研诚信意识淡薄，通常只在传统的填鸭式教学中接受诚信教育，大多数研究生只是在入学之初接受了普及性的科研诚信宣传。但这样显然是不够的，起不到实质性的教育作用。有的高校和科研院所，在新生入学的时候，虽然会举行一些加强科研诚信的活动，比如院士领读学术诚信规范、签订科研诚信承诺书、科研诚信宣传条幅等，但是难以取得实际效果。

（2）科研评价机制不全面

科研评价机制的不全面可能导致科研人员在面临巨大竞争压力的情况下，为了追求更好的评价结果而采取不道德的手段，从而导致科研失信现象的出现。在现行的评价体系中，可能存在以下几种倾向：一是过于重视论文数量和影响因子；二是过于关注形式上的成果，而忽视了实质性的科研贡献；三是过于关注科研成果，而疏于对科研过程的关注；四是过于强调排名和竞争，科研人员面临过多压力；五是缺乏有效的惩戒机制。这些因素对科研失信行为的产生有着重要影响。

（3）科研激励机制不健全

目前，我国高校和科研院所对研究生的激励方式包括奖学金、荣誉称号、学术论文奖励、科研项目资助等。其中，各类奖学金是最主要也是最有效的。在高校针对研究生设置的各项奖学金中，研究生学业奖学金的覆盖率比较高（基本可以做到全覆盖），其他奖学金（如武汉大学设置的研究生奖学金包括国家奖学金）、专项奖学金（如雷军奖学金、于刚·宋晓奖学金）、学术创新奖等还是需要研究生通过努力和竞争去积极争取的，取得更多的科研成果能极大地提升获得奖学金的概率。一方面，有的高校评研究生优秀奖学金和评选各类奖励时，重科研成果数量，轻综合素质评定，这种将科研量化指标放在首位的做法，迫使研究生发表更多数量却质量堪忧的学术论文。这些论文缺乏学术价值和研究意义，还占用学术资源分享平台，阻碍了学术创新。另一方面，更有部分研究生既不想认真搞科研，又想争取奖学金，在别人的科研成果或科研项目中随意署名，甚至直接找人代写论文，就是为了有更多的科研成果产出。高校对研究生的激励机制的问题，也间接影响了科研创新的进程。

（4）互联网监管不到位

"互联网+监管"是国务院部署的"放管服"改革重大任务。随着互联网技术的迅猛发展，全球范围内共享的学术资源不仅为海内外科研工作者带来了学术交流与思想碰撞的机会，也为他们进行科研活动提供一些便利，如随时随地都能上网查阅文献资料。但这把"双刃剑"也成为部分研究生违背科研诚信的主要渠道，导致个别学生铤而走险，利用信息差将发表在国外期刊上的论文仅翻译一下后重新发表，如2022年11月，四川大学某研究生在其个人社交平台公开举报南开大学物理学院学生伊某在《当代化工研究》2022年第15期发表的论文里的图表以及表述内容和他在2019年发表于英文SCI期刊 *ChemNanoMat* 里的论文内容一致。显然，这种行为已经碰到了学术不端的红线。

（5）科研环境仍存在浮躁现象

习近平总书记指出："当今世界正经历百年未有之大变局，新一轮科技革命和产业变革带来的新陈代谢和激烈竞争前所未有，国际经济、科技、文化、安全、政治等格局都在发生深刻调整，世界进入动荡变革期。"近年来，我国的学术科研环境得到了很大改善，但仍然存在一些浮躁现象。如在科研诚信文化塑造方面，仍存在过度物质化、名利化的问题；在学术资源分配方面，存在分配机制不科学等问题。与发达国家相比，我国科研诚信建设还停留在制度建设层面，亟需进一步优化，使科研的目的回归科学本真。

三、加强高校研究生科研诚信的有效路径

科研诚信是科技创新的内生动力，对于推动科技进步、提高科研质量和培养创新人才具有非常重要的意义。我国高度重视科研诚信建设。近年来，在工作机制、制度规范、教育引导、监督惩戒等方面，我国科研诚信建设取得了显著成效。从《科学技术进步法》的两次修订，到《关于进一步加强科研诚信建设的若干意见》《关于优化学术环境的指导意见》《推动社会信用体系建设高质量发展促进形成新发展格局的意见》等一系列文件对加强科研诚信建设做出部署，进一步对科研诚信制度体系进行落实和细化。

1. 构建科研诚信管理体系

高校应构建多方联动的科研诚信管理体系，深化各职能部门之间的交流协作。大部分高校以"学术委员会"为处理科研不端行为的专门管理机构，部分高校设立"学风建设委员会""学术道德委员会"，协同治理高校科研诚信工作，在职责规定、实际职权行使方面应加强对科研诚信工作的统筹协调和宏观指导。高校科技管理部门应切实履行科研诚信建设的主体责任，为广大师生群体提供优质的科研服务。高校学院和科研机构是科研工作的实施单位，应教育、引导本部门科研工作者积极履行科研诚信义务。要加强科研诚信的全过程管理，确保科研活动的每一环节都得到有效管理和监督，每一步骤都符合科研诚信要求。同时，定期对科研诚信管理体系进行评估和修订，确保其始终适应高校科研活动的发展需要。

2. 强化理想信念和科学家精神教育

理想信念教育是贯穿高校育人工作的首要目标。要教育、引导研究生树立共产主义远大理想，坚定中国特色社会主义共同理想，使他们增强"四个意识"，坚定"四个自信"，做到"两个维护"，立志肩负起中华民族伟大复兴的时代重任。高校是国家创新人才培养的高地，高校研究生已成为我国科研创新活动的重要参与者和贡献者。科学家精神是科技工作者在长期科学实践中积累的宝贵精神财富。高校要强化研究生关于做好科研工作的重要认识，为推进学术生涯发展提供持续精神动力；还要通过优秀科学家模范的重点宣教，强化思想价值引领，培养研究生的求真精神。

3. 丰富科研诚信教育的内容

科研诚信教育是提高研究生诚信意识和墙培养行为规范的首要途径。拓宽科研诚信教育的方式，切实增强研究生的切身体验。一是科研诚信常态化，要定期举办科研诚信系列主题讲座、科研诚信辩论会、演讲比赛和征文比赛，打造科研诚信品牌活动等，持续营造科研诚信氛围。二是做好传帮带，各学院以至各课题组也可以举办新生（毕业生）座谈会、科研经验交流会，在交流互动中，提升科研诚信和科研道德规范的意识。三要加大科研诚信宣教力度，应利用新媒体途径设立公众号或宣教专栏，定期推送典型案例，引导学生树立红线意识，恪守伦理底线。

4. 实施科研活动全程诚信管理

实行科研诚信承诺制，将科研诚信建设要求落实到科技计划管理全过程，包括项目指南、立项评审、过程管理、结题验收和监督评估等各个环节。强化研究生科研原始记录的管理制度，建立科研数据采集、汇交与保存等管理制度，使科研档案忠实记录科研全过程，实现科研过程的可追溯和再现。健全学术期刊管理和预警制度，定期梳理相关权威机构发布的国内和国际学术期刊预警名单。要积极依托科研诚信信息系统，通过大数据技术对同类型科研成果进行数据统计，加强跨地域、跨部门的科研诚信联合审核与惩戒。同时建立个人科研诚信终身档案，为"一处失信、处处受限"提供技术保障。对严重违背科研诚信要求的研究生，实行"一票否决"，在校期间不能参与任何评奖评优，并记入个人终身诚信档案。

5. 建立科学合理的评价机制

建立科学合理的评价机制是提高科研诚信水平的关键。科研导向和价值观的重塑是提升我国社会主义治理能力现代化的重要环节。习近平总书记在全国教育大会上指出："深化教育体制改革，健全立德树人落实机制，扭转不科学的教育评价导向，坚决克服唯分数、唯升学、唯文凭、唯论文、唯帽子的顽瘴痼疾，从根本上解决教育评价指挥棒问题。""破五唯"已然成为科研改革领域的热词之一。2021 年 3 月以来，清华大学、上海交通大学等高校不再将学术论文发表作为学生申请论文答辩或申请学位的前置条件。对于高校来说，一要制定更为科学的科研评价机制，鼓励广大研究生产出更高质量的科研学术成果，形成科学的研究体系，而不是突出数量，大为"灌水"；二要对研究生进行综合考评，不把论文数量当作唯一量化指标，还应包括学术道德水平、社会活动、公益服务等方面；三要综合运用多种评价方式，建立结果公示、意见反馈机制等，对于不同类型学科应建立不同的评价标准，以保证评价结果的相对客观公平。

◎ 参考文献

［1］科技部等二十二部门关于印发《科研失信行为调查处理规则》的通知（国科发监〔2022〕221 号）［EB/OL］. https://www.gov.cn/zhengce/zhengceku/2022-09/14/content_5709819.htm.

［2］丁文. 推动高校科研诚信管理体系建设的几点思考［J］. 科技传播，2023，15(3)：21-24.

［3］张莹，何云琼. 科研项目管理中的科研诚信问题剖析与治理对策［J］. 云南科技管理，2022，35(5)：1-3.

［4］张昂. 高校科研诚信管理的优化路径［J］. 濮阳职业技术学院学报，2023，36(2)：44-47.

［5］袁子晗，靳彤，张红伟，赵勇. 我国 42 所大学科研诚信教育状况实证分析［J］. 科学与社会，2019，9(1)：50-62.

"一数一源"背景下机构知识库科研数据管理服务研究①

陈爱莉　郑怡萍

武汉大学图书馆

摘要："一数一源"原则要求从源头上确保数据质量，图书馆作为论著数据的来源单位，通过建设武汉大学机构库来实现数据互通和共享。本文介绍了机构库建设的背景、数据要求和系统功能，并列举三个应用场景，以提高科研数据管理效率。

引　　言

进入 21 世纪以来，随着我国在创新方面加大投入，科技实力大幅跃升，已建成世界上规模最大的高等教育体系，按照世界知识产权组织的创新指数显示，我国的全球排名从 10 年前的第 34 位跃升到了

---

①　本文系湖北省高校图工委基金会项目(2022-YB-12)、武汉大学图书馆青年馆员科研引导基金项目(2022-GZ-01)研究成果之一。

2022 年的第 11 位，进入创新型国家行列。① 作为科学研究主体的高校，科研成果和科研人员也处于持续增长之中，如何对科研数据进行有效管理，打通各部门的数据孤岛，充分发挥数据效能，避免科研人员重复填报数据，是高校普遍面临的难题。

图书馆作为科研信息资源服务单位，在科研数据管理和提供相应服务方面存在优势。2002 年以来世界各大高校和研究机构纷纷建立机构库来管理科研数据。机构知识库是一个大学或研究机构通过网络来收集、保存、管理、检索和利用其学术资源的数据库，其数据具有累积性和长期性，系统具有开放性和互操作性，是学术机构长期保存其学术资源的工具。② 早在 2016 年底，武汉大学图书馆就联合相关部门开始承建武汉大学机构库一期，历经两年时间，建成了包含成果库、学者中心、数据分析系统等模块的综合信息服务平台。

2020 年，武汉大学发布了《武汉大学数据资源管理办法》，明确指出数据产生单位应遵循"一数一源"的原则，严格规范数据采集、录入与审核流程，从源头确保数据质量的准确性、完整性、唯一性、一致性和及时性。2021 年，学校又下发了《关于建立完善"一数一源"数据维护长效机制的通知》，明确论文和著作成果的数据源单位为图书馆，"一数一源"背景下的机构库二期建设由此启动。

一、机构库二期建设

2022 年 4 月，图书馆机构库工作组人员通过网络访问和电话咨询

---

① 光明网. 我国进入创新型国家行列 将在六方面加强高校科技创新［EB/OL］. https://m.gmw.cn/2023-07/13/content_1303438521.htm.

② 赵继海. 机构知识库：数字图书馆发展的新领域［J］. 中国图书馆学报，2006(2)：33-36，50，53.

的方式对 42 所"双一流"建设高校和部分研究机构进行调研，了解国内高校和科研机构的机构库建设和服务现状。调研结果显示，大部分机构库功能较完善，但实际运行效果不佳，持续发挥效益的机构知识库数量不多，规模有限，缺乏政策支持。

武汉大学图书馆在机构库一期建设和调研结果的基础上，开始规划机构库二期建设，主要在数据和系统功能上进行改进。

（一）数据

根据学校"一数一源"的要求，机构库二期将论文和著作成果作为建设重点，收录范围为武汉大学建校以来的所有论著成果，并在数据的完整性、准确性和数据的加工清洗方面进行考量。

1. 数据完整性

机构库设计的成果元数据字段丰富，数据细化程度高，基本能满足学校各部门成果管理需求。例如，仅期刊论文的元数据就有 100 余个字段，其中 20 个必备字段，包括题名、作者、机构、来源、年卷期页，基金等字段。

机构库收录的成果类型丰富，主要收集期刊论文、会议论文、报纸文章、著作中的析出文献、图书著作、网媒文章、标准、学位论文等成果类型，基本涵盖了论著成果的各种出版形态。

机构库收录的成果包含了武汉大学合校前后的科研成果，如武汉大学（1950—2000 年）2 万余条、武汉水利电力大学（1954—2000 年）7800 余条、武汉测绘科技大学（1956—2000 年）2800 余条、湖北医科大学（1943—2000 年）8400 余条，以及合校（2001 年）以后的成果 60 余万条。

机构库采集了主要数据库收录的武汉大学成果，如 CSSCI、CSCD、

SCIE、SSCI、A&HCI、EI、ESCI、CPCI-S、CPCI-SSH、Scopus 以及中文一般刊物上发表的论文。除了正式发表的论文，机构库也收录在线发表阶段的论文。

此外，作者也可自主提交个人的成果，经管理员审核通过后入库以补充自己的成果数据。

在不断收集武汉大学成果元数据的同时，成果影响力数据也逐步入库，包括成果在《新华文摘》《中国社会科学文摘》《高等学校文科学术文摘》《人大复印报刊资料》等上转载的情况，以及被 WOS 数据库引用的情况、ESI 高被引和 ESI 热点论文的标注。论文发表期刊的影响力，如收录情况和期刊引证报告(JCR)和中国科学院分区数据也显示在成果详情页中。

2. 数据的准确性

在数据准确性方面，首先在数据入口上，机构库严格控制数据质量，采取以购买为主、网络采集和个人提交为辅的元数据建设方案。统计结果显示，在我校学者发表的论文中，76% 左右的外文论著被 Web of Science(以下简称 WOS)平台收录，经过比较发现 WOS 元数据在质量上居外文数据库首位。订购 WOS Expanded API 服务进一步保障了 WOS 数据的准确性。EI 和 Scopus 收录成果则通过网络获取，经与 WOS 去重后补充入库。中文期刊论文数据经过调查比较后选择了维普的数据服务，并通过 CSSCI 和 CSCD 数据库核验论文的收录情况。报纸和网媒文章主要由学者个人提交并上传佐证材料，管理员审核通过后入库。著作则以武汉大学图书馆建设的珞珈文库的藏书和其他管理部门收集的著作数据为基础，经与图书馆集成管理系统中的编目数据匹配后入库。

在作者的责任方式上，机构库做了详细的设计，论文作者的责任方式包括第一作者、共同第一作者、通讯作者、共同通讯作者，导师一作且学生二作、学生一作且导师二作、同等贡献者、第一作者且通讯作者、合作者、其他等多种情况。著作作者的责任方式包括独著、主编、副主编、编委、参编、合著（排 1 名）、合著（排 2 ~ 5 名）、译者、其他等 9 种情况。多种责任方式方便从多个角度统计科研成果。

如果学者对成果元数据有异议，还可通过成果纠错功能提出修改申请，管理员检查数据后作相应处理，及时修正数据。

3. 数据的加工清洗

数据批量采集后，还需对采集的原始数据进行多重清洗和数据整合。清洗过程需依据机构词典、学者词典、期刊词典等各类词典，词典的完整性和全面性直接决定了数据清洗的质量。

机构归属清洗：根据机构词典清洗出成果对应的二级机构。图书馆从学校历年《统计资料汇编》中获得规范的二级机构列表，从历年发文数据中整理出每个机构的多种署名方式，汇总形成机构词典，以此作为成果机构的归属依据。

作者清洗：包括作者清洗和作者责任方式清洗，学者词典保存了学者发文署名的 26 种常用格式，是作者匹配的依据，而根据原始数据中作者署名的位次及通讯作者的标识可进一步清洗出每位作者的责任方式，如第一作者、通讯作者等。

匹配期刊影响力：期刊词典汇总了期刊的收录，JCR 和中国科学院分区情况，可通过刊名或 ISSN 匹配成果的发文期刊。

数据经过多次清洗后，各个维度的关系逐渐清晰，为数据分析模块提供了数据支撑。

（二）系统功能

武汉大学机构库服务于全校师生和社会公众，系统分为公众页面、学者中心、机构中心、后台管理和数据应用 5 个模块。公众页面下设首页、论著成果、专家学者、数据分析、关于我们等栏目，学者个人、二级机构科研秘书、图书馆管理员登录后分别可进入学者中心、机构中心和后台管理平台完成相应操作。

1. 成果认领

学者登录机构库后即可认领自己的成果，学者姓名与所在二级机构完全匹配的成果进入"一键认领成果"列表，仅姓名匹配的成果进入待认领列表，若在认领列表中没有找到所需的论文，也可通过检索认领方式认领成果。学者还可在个人信息中增加自己的发文署名形式，进一步提高匹配率。认领成果时学者需确认该成果是否为本人成果，以及是否接受机构库清洗出的责任方式。

学者认领成果后，再由所在二级机构的科研秘书审核，审核该学者是否为该成果的作者，有无错误认领的情况，审核通过后，学者即可对成果进行管理。

2. 成果编辑

如果学者对系统清洗的责任方式不认同，可在认领时更改责任方式，提交后，成果进入编辑审核状态，由科研秘书或图书馆管理员按照审核内容分工进行审核。审核通过后再继续认领流程。

3. 成果纠错

学者若发现论著的客观描述有误，可提出纠错申请，上传必要的佐证材料，由图书馆管理员审核。

4. 成果填报

由于数据库收录延时，部分新发表的成果未入库，学者可单篇提交自己的成果，提交时支持按照成果题名查重，避免重复提交机构库已存在的成果，提交后由图书馆管理员审核入库，无需提交人再次认领。

5. 成果管理

学者可管理已认领完成的成果，包括成果导出、开具检索报告、设置是否在个人主页显示等，在其他科研成果系统中的也可引入机构库的成果。

二、机构库服务案例

自 2022 年 12 月试运行以来，武汉大学机构知识库不断服务专家学者个人及学校相关部门，保证了论著成果数据的准确性和规范性，并在多个场合得到应用，避免了科研数据的重复填报，受到学者好评。据统计，截至 2023 年 8 月 31 日，机构库总访问量 2090000 多次，有3679 位学者认领了成果，认领成果总数达 113400 条。

(一) 对接职称管理系统

2022 年机构库试运行时即对接了职称管理系统，职称管理系统的"论文"和"著作"类成果可引入申报人在机构库认领完成的成果。申报人可先在机构知识库认领、填报或编辑个人的论著信息，机构库将审核通过的论著信息同步到职称系统的论著检索库，申报人就可在职称管理系统中输入自己的人事号，检索到机构库的论著成果，在检索结果列表中勾选所需成果，即可将成果信息引入职称申报系统。此轮职称申报，有 1500 多人参与，共计引入论文 2.4 万篇，著作 1400 多部。

2023 年 6 月，聘期制教师转固定编制申报批次继续采用对接的方式，共有 44 人参与，引入机构库成果 700 余条。

(二)对接导师遴选系统

导师遴选系统是研究生院管理的平台，新增研究生导师需要填报近 5 年的科研成果。2023 年 5 月，研究生院新一轮导师遴选启动，在保留导师遴选系统原有数据的基础上，同时又对接了机构库的论著数据，方便老师引入新发表的成果。为准备这次对接，机构库对 2018 年以来发表的 SCIE 论文匹配了中国科学院分区信息，数据也首次通过学校信息中心数据中台中转。经统计，此轮导师遴选了 554 名(占全部申报导师的 93.6%)，调用了机构库论文超过 5000 篇，著作 131 部。

(三)对接人文社科管理系统

人文社科管理系统是人文社会科学研究院管理的平台，该平台包含论文、著作、咨询报告、项目、奖励等各类科研成果信息。2022 年 11 月，人文社科管理系统与机构库开始对接论文数据，人文社科管理系统关闭自己的论文"填报"功能，引导学者进入机构库认领成果。机构库将学者认领完成的论文推送到人文社科管理系统。2023 年 7 月，图书馆与人文社会科学研究院、信息中心召开沟通会议，决定加大对接力度，增加论文对接字段，并把著作成果也纳入对接范围。

三、结　语

在学校"一数一源"工作的推进下，武汉大学机构知识库维护了论著数据的完整性、准确性，在学校一定范围内实现了数据互通和共享，提高了工作效率。机构库在运行维护时，还需完善相关功能，增强用户黏性，例如如何方便学者快速提交校外成果、后台管理工作工具化，扩大数据对接范围等。

高校科技统计工作问题与对策浅析

范　波

武汉大学科学技术发展研究院

摘要：科技统计工作是对科技活动开展情况的量化总结，高校科技统计工作长期跟踪调查学校科技活动的各项指标，是学校科技事业发展的客观反映，应当对学校科技政策制定起到决策支撑作用。受多种因素影响，高校科技统计工作效率和质量不太理想，对学校制定相关政策支撑作用发挥不足，本文主要对科技统计工作中经常遇到的问题进行分析，提出部分针对性建议，希望有助于高校科技统计工作效率和质量的提升。

引　言

党的十八大以来，以习近平同志为核心的党中央高度重视科技创新工作，把科技创新摆在国家发展全局的核心位置。作为科技工作中重要的一环，经过近 40 年的发展，我国科技统计工作指标体系相对系统，统计制度相对完善。

以高校科技统计为例，普通高等学校每年都要填报《全国普通高等学校科技统计年报表》。该报表涉及高校科技活动的科研人员、科研经费、科研机构、科研项目、知识产权、科技交流、科技奖励、成果转化、出版著作、主办刊物等方面。

一、高校科技统计工作存在的问题

高校科技统计数据来源，除科技管理部门外还涉及人事、财务、国际交流、成果转化等相关职能部门以及院系和科研机构。数据来源牵扯部门多，涉及人员广，给统计工作带来了很大的难度和挑战。经过梳理分析，本文认为科技统计工作主要存在的问题有以下四个方面。

(一) 对统计工作重视有余，认识不足

各级政府机构对科技统计工作的重视程度相对较高，比如教育部、省级教育主管部门。教育部相关部门每年会召集各省级教育主管部门及部分高校代表开工作布置会和业务培训会，省级教育主管部门一般会召集辖区内高校和相关单位开会培训。

由于会议规模等客观条件的限制，各填报单位在参加工作布置会和培训会的时候为表重视，很多是领导参会。领导们大多会根据经验，认为统计工作就是把业务工作的数据汇总在一起就行了，数据是现成的，就是收集汇总一下，不是主责主业，不用浪费太多精力。领导对统计工作的复杂性和专业性认识不足，对统计工作的复杂性和工作量预判偏差较大，这就造成对科技统计工作的资源投入严重不足。

(二) 相关基础数据标准化程度不够

高校科技统计指标涉及高校科技活动的各个方面，数据涉及相关的职能部门、院系以及科研机构。受限于各个单位的管理模式和相关

工作人员的工作习惯，相关业务数据的标准化程度参差不齐，受工作人员个人能力和偏好的影响很大。

如果一个单位对业务工作的要求比较高，日常管理工作精细化水平也高，该部门提供的科技统计的基础数据的标准化程度就高，后期的统计加工投入相对就少。即使每个部门的管理精细化水平都很高，受限于统计与业务工作的脱节，基础数据的标准化程度还是达不到统计工作的要求。

比如，在高校科技统计工作中涉及科技项目统计，科技项目基表中涉及研究类别(基础研究、应用研究、试验与发展、R&D 成果应用、其他科技服务)，这些指标在日常科技管理中未涉及，就需要统计人员把项目按照研究类别分到这 5 个类别中。科技项目基表还涉及学科分类、服务国民经济行业代码等分类更复杂的指标。

(三)统计人员业务能力和水平不够

科技统计工作是科技工作总结的量化，跟一般定性分析的工作总结和报告不同。科技统计工作具有一定的专业性，一个合格的、专业的统计人员可能需要三到五年的培训学习和业务实践。由于领导的重视程度不够，统计工作又缺乏显示度，高校科技统计队伍流动性比较大，一般是兼职统计工作。

但是，业务数据和统计数据之间的差距甚远，统计工作量大，时间紧、任务重，一些统计人员可能萌生出应付差事的心态，为了尽快完成任务，甚至在难以平衡复杂逻辑关系时人为修改数据，造成统计数据失去客观性，进而影响部门、学校、省市、国家决策的科学性。

(四)相关业务系统信息化支撑不足

近年来，随着信息化建设、数字化校园等工作的推进，校内各职能部门基本采购或定制了管理系统，信息化管理部门也在整合各个业务系统，消除信息孤岛，提高信息共享能力和水平，着力提升校园"数智化"水平。

但这些业务系统建设优先满足的是本部门业务需求和日常基本业务数据汇总统计，与《全国普通高等学校科技统计年报表》的成体系统计还有一定距离，尤其是非科研管理部门业务系统基本不会考虑科技统计工作需求，相关业务系统对科技统计工作的信息化支撑不足。

二、改进高校科技统计工作的建议和对策

习近平总书记指出："加快实现高水平科技自立自强，是推动高质量发展的必由之路。"科技统计工作作为科技工作中重要的一环，肩负为科技政策制定提供数据支撑和决策依据的使命。作为国家战略科技力量的重要组成部分，高校责无旁贷，必须在提升原始创新能力的同时也做好科技统计工作。

针对高校科技统计工作存在的问题，本文建议从以下四个方面着手，提高科技统计工作效率，提升统计数据的准确性和客观性。

(一)加强统计工作重要性宣传

高校科技统计工作首先是科技工作的重要组成部分，是对科技活动全方位的数字化总结，长期跟踪统计能反映高校科技发展的总体态势，反映学校宏观科技政策的执行效果，为现行科技政策的纠偏矫正提供重要的数据支撑，为制定科技工作长期规划和政策调整提供决策参考，其重要性不言而喻。

各级政府机构应加强科技统计工作重要性的宣贯，在各种工作总结和工作布置中强调科技统计工作的复杂性和专业性，加强科技统计

工作的质量评估，并强化评估结果的应用，促使数据填报单位重视科技统计工作，确保科技统计工作的资源投入。

（二）统计工作向业务管理延伸

当前，多数高校科技统计工作与科技管理工作是脱节的。平时的科技管理工作基本不涉及科技统计相关分类指标，后期科技统计工作可用的数据有限，相关统计指标项均需由统计人员逐条逐项分类，工作量大，容易出错。建议将统计工作前置，强化科技统计与科技管理的深度融合，将科技统计工作根植于业务工作中。

以科研项目管理为例，将科技统计相关指标（研究类别、研究领域、服务国民经济行业代码等）作为合同文本或者任务书模板内容固定下来。项目负责人在项目执行期开始之前——签订合同或任务书时将这些统计指标明确下来，这样统计的基础数据源头来自项目负责人，相对于统计人员凭经验填报，准确度会大大提高。同时，将这些统计指标纳入业务管理系统，由项目负责人填报，这样通过管理系统规范，数据的标准化程度会大大提高；另一方面也减轻了统计人员的工作量，减少统计数据质量对统计人员经验和能力的依赖，统计数据更加精准，统计结果也更加科学。

（三）稳定统计队伍，强化业务培训，提升业务水平

高校科技管理部门不是专门的统计部门，当前环境下，科技管理部门业务日益增多，压力与日俱增，科技管理部门在聚焦主责主业的前提下，要多措并举稳定科技统计队伍，提升科技统计队伍的业务水平和工作效率。

一是在统计工作与业务工作深度融合的同时，将与业务直接相关的统计工作与关联业务绑定，让业务管理人员变成兼职统计人员，让

统计变成业务工作的一部分，只要保证业务管理队伍稳定就能确保统计队伍稳定。

二是除专门的统计培训外，将统计培训融入业务培训，强化业务管理人员统计意识，提升业务水平和统计能力。

三是将统计工作与综合管理工作统筹设岗，有助于统计数据在管理工作中直接应用，管理工作对统计数据的需求亦可直接反馈到统计工作，从而提升统计工作的指向性和务实性，统计与管理相互促进。

（四）将统计与信息化工作深度融合，提升统计工作效率

在统计工作与业务工作深度融合的同时，统筹考虑科技统计工作需要与业务管理工作需要，权衡统计工作对业务管理流程各环节工作量的影响，逐步将统计工作需求整合到业务管理流程中。同时，要克服过度依赖管理系统的倾向，避免为了融合而融合，致使业务管理工作量激增，中间环节填报数据质量下降的情况。

要统筹考虑科技统计工作涉及其他职能部门和单位的业务，建立跨部门的沟通协调机制，将相关的统计工作需求纳入对应的业务管理系统，在相关业务管理工作中同时满足统计需求，提升统计工作效率。

三、结　语

高校科技统计工作专业性强，复杂度高，工作量大，对统计人员的个人业务能力要求高，只有得到单位和领导的支持，协调相关部门和工作人员形成合力，依靠信息化工作协同推进提高科技统计工作效率，才能高质量完成高校科技统计工作，才能让科技统计工作对科技政策制定和调整的支撑作用得到充分发挥。

◎ 参考文献

[1]薛蓉. 新形势下科技统计工作存在的问题与发展对策研究[J]. 财讯, 2018(29): 160-161.

[2]亓林芳. 谈全面提高统计数据质量[J]. 合作经济与科技, 2021(7): 132-133.

[3]金澜. 科技统计及其在事业科研管理中的作用探思[J]. 国际公关, 2021(9): 89-91.

[4]张渊, 张同建. 我国科技统计工作存在的问题与发展策略[J]. 统计与决策, 2017(24): 2, 189.

[5]王玉波, 张桂杰, 高雅欣. 谈科技统计工作的问题及对策[J]. 中小企业管理与科技, 2022(6): 131-133.

[6]张静远. 电子信息技术在科技统计管理中的应用[J]. 长江信息通信, 2022, 35(3): 174-176.

[7]卢好阳. 对高校科技统计软件的改进建议[J]. 数字技术与应用, 2020, 38(7): 212-213, 216.

[8]谭金泽, 胡良红, 周晓, 等. 关于基层科技统计管理工作的思考——以南昌为例[J]. 科技广场, 2018(3): 54-60.

高校科技期刊高质量发展实践与思考

——以武汉大学科技期刊中心为例①

黄　填

武汉大学科学技术发展研究院

摘要：科技期刊建设已受到国家层面高度关注。推进期刊高质量发展是高校科技期刊的目标和任务，是建设一流期刊战略的重要举措。本文以武汉大学科技期刊中心为样本，从期刊定位、品牌意识、出版管理、集群化平台等方面进行梳理和总结，为高校学术期刊高质量发展提供思路和借鉴。

引　言

科技期刊作为科学研究成果的主要传播途径，其在知识传播和学术交流中的地位举足轻重。传承人类文明，荟萃科学发现，引领科技发展，直接体现了国家科技竞争力和文化软实力。② 培育世界一流科

---

① 基金资助：湖北期刊发展扶持资金资助项目"基于云出版流程的学术期刊一体化平台建设"（项目号：201901）。

② 中国科协中宣部教育部科技部. 关于深化改革培育世界一流科技期刊的意见[J]. 编辑学报，2019，31（4）：355-356.

技期刊,推动学术期刊的集群发展已成为国家政策导向,也是科技期刊建设实现规模化发展的必要手段,为此,各高校积极开展探索和实践。

一、科技期刊发展现状及背景

打造世界一流科技期刊,打造代表国家学术水平的知名期刊,推动我国科技进步和科技创新,成为期刊业界的重要发展目标。2019 年10 月,中国科协、财政部、教育部等七部门联合实施了中国科技期刊卓越行动计划(以下简称卓越行动计划),以推动我国科技期刊高质量发展,加快建设世界一流科技期刊。首批卓越行动计划入选资助期刊共340 种,中国科协、中国科学院、教育部主管的入选期刊273 种,约占总额的80%,其中教育部高校科技期刊83 种,占总额的24.4%。[①]

2023 年7 月,习近平总书记在《加强基础研究 实现高水平科技自立自强》发言中明确,"要加快培育世界一流科技期刊,建设具有国际影响力的科技文献和数据平台,发起高水平国际学术会议,鼓励重大基础研究成果率先在我国期刊、平台上发表和开发利用"。[②] 国家多部委的系列重磅政策出台,体现了我国从顶层设计确立建设世界一流科技期刊的决心和目标,为期刊发展指明了方向。科技期刊迎来前所未有的发展机遇。

多所"双一流"建设高校积极响应国家战略,依托自身优势学科出台了一批鼓励政策,大力推进科技期刊的发展进程。清华大学将期刊

---

① 中国科学技术协会. 中国科技期刊发展蓝皮书 2020[M]. 北京:科学出版社,2020.

② 习近平. 加强基础研究,实现高水平科技自立自强,2023 年2 月21 日在二十届中央政治局第三次集体学习时的讲话.

发展纳入学校的"十四五"发展规划，推动实施"清华大学世界一流科技期刊集群发展计划"项目，对科技期刊集群进行全面建设，目标覆盖学校90%"双一流"建设学科。山东大学提出"强刊兴学"世界一流科技期刊培育计划，建设"山大方阵"，目标创办30本新刊，打造一批行业领域学术期刊发展联盟。浙江大学以"一核多点，集群发展"的期刊建设目标，将英文期刊数量快速拉升至19种。头部高校期刊集群化建设呈现出强势发展态势。①

二、科技期刊中心高质量发展管理机制探索

武汉大学科技期刊中心（以下简称中心）源自2000年武汉大学四校合并后的武大期刊社，归属科学技术发展研究院。自2016年成立中心以来，负责《武汉大学学报（理学版）》等9个期刊的编辑出版工作，经磨合打造，已形成统一管理的科技期刊集群形态。中心深入贯彻习近平总书记"把论文发表在祖国的大地上"的重要讲话精神，明确各刊室定位，加强制度建设，深化运行流程与机制探索；强化师德师风教育，以学习促发展见实效。

（一）明确定位，加强制度建设规范运行机制

中心在内部管理上采取主任领导下的各刊执行副主编负责制，以主编工作会议机制研究、决定以及处理管理和出版事务。各期刊在主

① 张莉，孟宪飞，陈禾.科技期刊专业刊群建设探索[J].科技与出版，2022（4）：11-15.

郑建芬，刘徽，王维杰，等.科技期刊集群化发展探讨：基于"卓越计划"集群化实践[J].编辑学报，2021，33（4）：407-411.

康维铎.高校学术期刊出版单位集群化集团化建设探略[J].中国出版，2021（21）：39-42.

编及编委会指导下做好选题策划、组约稿、编审校等业务工作。中心将人、财、物纳入统一管理，在总体规划、质检出版、宣传推广等方面进行相对集中的业务管理，落实武汉大学作为主办单位的监管责任，及时发现和处理潜在的意识形态风险和学术质量风险，引导形成对外统一、标识清晰的集群化管理体系。此外，中心与院系期刊编辑部在培训研讨、项目报批等方面给予服务指导、流程审核。

1. 统一办刊思想，明确定位及发展目标

近年来，中心通过对各期刊进行统筹管理和分层设计，制定有针对性的差异定位和发展方向，通过重点扶持、打造特色，将学术期刊和行业应用型期刊并重。围绕学校"双一流"建设 A 类学科匹配和建设期刊，明确发展目标，保障编辑人力、出版流程及传播推广等各方面的需求。目前，期刊中心集群有期刊 9 种，其中 SCI 收录期刊 1 种，EI 收录期刊 2 种，CSCD 收录期刊 5 种，中文北大核心期刊 3 种，科技核心期刊 7 种，较好地形成了"武大学术期刊"品牌体系。

2. 完善管理制度，深化运行流程与机制探索

中心结合多年工作积累的经验，通过调研、专题研究等工作方式，出台或修订了包括《武汉大学科技期刊中心管理制度汇编（2019 年）》《武汉大学自然科学学报编辑部岗位职责》等一系列涉及编辑业务规范、财务管理、激励政策以及考核培训的管理制度。积极引导各刊在期刊编辑过程中遵循规范程序与标准，严格要求编辑人员廉洁自律的行为操守，提供高水平作者论文优先审发的绿色通道，支持重点研究机构和重点项目团队出版学术专辑，并推动实施了各期刊以办刊质量各维度作为业绩考核目标，不断增强期刊内在发展动力。同时，针对学术评审、风险防范和编校等流程开展自查自纠工作，确保严格的出版质

量控制和学术诚信规范。

（二）融合国家发展战略，做有组织的期刊集群建设

中心始终立足服务国家科技发展方向，以优质学术出版工作为核心，有组织有目标地推进期刊发展，保障学术论文的出版质量。通过资源整合，降低成本。在宣传推广方面，发挥品牌效应，探索集群发展之路。

1. 瞄准学科优势，聚焦"武大期刊"品牌集群式发展

中心以树立"武大学术期刊"品牌影响力为目标，瞄准学校的优质学科，把握前沿科技信息和学科发展动态，加强内容策划和组约稿，提升稿源，强化精品意识和特色化道路。在期刊来稿、评审、编辑和出版各环节加强质量控制，建立客观、公正、规范的质量控制体系。加强"武大学术期刊"品牌效应，实现国内外影响力的大幅提高。《武汉大学学报（信息科学版）》等测绘类3种期刊扎根武汉大学测绘学科，三刊定位布局明确，中、英文刊兼具，在国内外测绘学科和期刊行业中均有较高的评价和认同。

2. 推动期刊转型升级，加强出版集群平台建设

数字化出版领域的新技术、新方法推动科技期刊数字出版和媒体融合建设。中心积极应对进行期刊数字出版转型，在湖北省内率先运用新平台新技术，提高编校排工作效率，带动期刊学术质量提升。统一采购，搭建生产平台，降低经济成本，多项举措分级推进，实现了科技期刊从稿件采集、审核、编辑、出版到发布全过程数字化生产模式的提升，促进期刊的集群、高效、协同发展。

中心统一官网，选用一体化采编系统，以及方正学术出版云服务

平台，将投审稿系统、在线编校排版及传播发布系统对接融合，形成期刊出版全流程数字化，主要表现在内容生产、出版流程、传播途径三个方面进行升级改造。此外，编辑依托智能结构化功能实现协同编校排、全流程生产过程管理，还利用智能审校系统，增强基于移动互联网的在线协同办公和生产环节中的交互能力，利用增强出版、精准推送等技术改善移动端呈现形式和阅读体验。中心所有期刊已实现从投稿、审稿、编校、排版到网刊发布的 XML 出版流程一体化，建立起基于 XML 的一体化数字出版平台，促进了编辑工作效率、期刊学术水平和传播质量的全面提升。

3. 探索学者办刊模式，加强期刊中心队伍建设

期刊学术质量的提升，必须依靠高水平的专家学者办刊，主编和编委是期刊核心竞争力的重要组成部分。中心强化学者办刊思想，制定实施了《学科副主编工作制实施办法》《客座主编工作制实施办法》，推动各编辑部根据发展规划调整编委会，建立青年编委会，加强与主编、编委和高层次人才专家的联系，使之成为期刊的审稿人、作者、传播者。鼓励各刊依托学者资源，围绕学科发展前沿和热点方向，确定专辑专栏方向，做有质量有水准的高被引论文。

编辑队伍的建设和培育是期刊发展的基石。通过分期分批开展各层次岗位培训和业务交流，积极推动执行副主编岗位培训、青年编辑业务培训等相关制度，全面推进编辑技能的持续提升。通过加大对编辑团队的培训力度，牢固树立精品意识、竞争意识和服务意识，在业务学习、编辑实践中，努力把编辑培养成为有专业有技能的多面手。此外，鼓励编辑积极参与学术交流会议，并加强与国内外学界的沟通与合作，不断提高期刊的国内国际影响力。

(三)赋能与目标

中心在期刊集群方面的资源整合和数字化转型的尝试，促进期刊踔厉奋发，努力和肯定并存。*Geo-Spatial Information Science* 和《武汉大学学报(信息科学版)》两刊入选 2019—2023 年中国科技期刊卓越行动计划梯队期刊类项目资助，还和《武汉大学学报工学版》一起入选 2022 年湖北省科协的楚天领军、重点、梯队期刊立项资助。

和头部高校期刊相比，武大期刊中心的探索仍在起步阶段。国家战略层面的号角已响，中宣部·教育部·科技部《关于推动学术期刊繁荣发展的意见》指出，要推进期刊集群化集团化建设。① 期刊集群不仅是多个期刊简单合并在一起，更需要主管主办单位发挥主导作用，有效推动期刊集群化规范运行，高效配置资源，打造具有自身特色的集群模式，创造有利的发展环境，建立激励机制。期刊中心需要提升专业化定位和转型能力，建立产业化运营能力，打造全流程产业链。

三、结　语

在国家发展战略背景下，科技期刊作为重要学术平台开展包括集群化在内的综合管理改革成为科技期刊做大做强的共识。② 顺应国家和时代发展的需要，武大科技期刊中心将抓住国家科技发展的重要契

---

① 中共中央宣传部　教育部　科技部印发《关于推动学术期刊繁荣发展的意见》的通知［EB/OL］.（2021-05-01）［2023-06-12］. http：//www.nopss.gov.cn/n1/2021/0708/c362661-32152337.html.

② 张维，冷怀明，汪勤俭，等.医学期刊集群化发展模式和平台建设探究：以高校医学期刊为例［J］.科技与出版，2022(9)：76-85.

宋国恺，张蕾.高校在培育世界一流科技期刊中的思路和建议［J］.科技与出版，2021(2)：88-92.

机，进一步拓展办刊思路，更加注重基础研究领域的原始创新和科技成果的转化与应用，做有组织的科研支撑，形成服务国家能力，坚守学术传播初心，自觉担负起助力科技创新的时代使命，开创更多新的里程碑，为国家科技自立自强贡献力量。

地方高校军民融合科研管理存在的问题与创新措施

高志昊　宋　珩

武汉大学先进技术研究院

摘要：军民融合是国家战略，科技创新本身已是国家发展全局的核心，军民融合科技创新对于提高社会生产力和综合国力、保障国家安全有着重大意义。高校是科学技术发展的重要力量之一，高校落实军民融合科技创新的使命与作用也越来越重要。

引　　言

党的十八大以来，军民融合战略上升为国家战略，科技强军是这一战略的首要目标。地方高校在进行科研活动的过程中具有人才雄厚、学科布局全面、对外交流方便等优势，因此高校作为实现这一目标的中坚力量，在军民融合战略发展中有着不可忽略的作用。科研管理是科研活动中必不可少的一环。形成符合本校军民融合特色的科研管理队伍及科研管理制度，切实提高军民融合科研管理人员的服务能力，保障国防科研工作健康、高效地进行，是地方高校在深入开展军民融合科技创新过程中需要思考和努力改进的。

一、地方高校军民融合科研管理存在的问题

(一)科研管理模式针对性不强

地方高校科研管理模式一般为发放通知、机构/教师申请、报送材料、结项评定、成果转化,管理人员大部分工作是上传下达。特别是横向科研管理,更只是一种类似于备案制的管理方式。随着军民融合的深入推进,越来越多的高校参与国防科研。但现阶段,多数高校国防科研管理方法仍然处于粗放式管理状态,基本采用一般的科研管理模式,仅仅在部分项目加上保密和质量要求。保密管理和质量管理独立于项目管理,流程和要求没有针对性,导致保密管理和质量管理形式化以及科研团队的忽视,影响了国防科研的安全性,限制了国防科研项目质量的提升,容易造成严重的安全隐患。

(二)有组织科研尚处于初始阶段

教育部提出,"有组织科研就是要瞄准国际科技前沿和国家重大需求,把过去想干什么就干什么、能干什么就干什么转变为国家需要我干什么我就干什么"。传统上,高校的科研模式多以自由探索为主,基金和项目约束通常是软约束,其目标也多通过论文来考核,这导致相当多的团队的组合是临时和松散的,并不以科技大突破为目标。高校科研所受资助方式比较单一,绝大部分是基于科技计划项目的竞争性资金开展科研活动,冷门、纯基础研究的领域和自由探索很难得到稳定支持。传统的科研管理也偏重"立项"和"结题",研究过程基本处于放任状态,整体上并没有以国家战略为导向、以突破重要领域核心技

术为目标的科研规划。而国防项目更具有高科技特性以及跨学科的综合性，小而散的科研团队，开放式的科研组织模式，难以实现国家层面的科研目标。

(三) 科研评价体系制约积极性

在高校，职称是反映教职人员知识水平和专业能力的重要手段，评聘职称是科研人员实现自身价值和提升待遇的基本途径。目前，高校的职称评审大多仍以发表论文级别、承担项目甲方级别、科研奖励级别为主要评价条件，以期刊级别、被引指数、项目经费为核心指标，导致高校广泛存在唯论文、唯帽子、唯职称、唯学历、唯奖项等"五唯"现象。在职称评审中，部分高校对承担国防项目的情况、成果转化应用的情况等重视程度偏低，导致科研人员参与国防项目的积极性不高。此外，国防项目大多涉密，保密是首要条件，高精尖、前沿性研究成果基本上无法公开，然而高校科研人员又需要靠公开发表科研相关的论文、科技奖励等参与职称评审，前沿性的研究也需要依靠国际交流与合作产生成果，因此，高校现有评价体系与国防科研之间存在的矛盾大大制约了高校教师参与国防科研的积极性。

二、地方高校军民融合科研管理具体创新措施

(一) 优化管理体系，融合军民科技管理服务机构

为了更好地服务国防，许多高校成立了服务国防科研的专门机构，这些机构以国防项目的管理咨询服务以及技术成果转化应用等为主要职责，而由于国防项目的敏感性，这些机构大多为比较封闭的独立运行单位。因此，落实军民融合的战略要求，首先要融合军民科研管理体系。

127

融合管理体系，要制定学校的军民融合规划。学校出台军民融合发展规划，可以明确学校军民融合长远目标和落实具体措施，为推动学校军民融合发展提供制度保障。

融合管理体系，要守牢质量与保密工作底线。军民融合，以军为主，保障国防安全是首位。保守秘密是军民融合的基本要求，国防科研只有做到完全的保密，才可以保证国防科研成果的可应用、可持续，保障国家国防安全。质量是一切科研成果得以应用的基本保障，常规科研评价体系促使科研人员倾向于重视科研数量而忽视成果质量，但只有确保良好的科研质量，严格把关科研成果的质量，才能有效地提高武器装备的战斗力，保证国家的国防安全。

融合管理体系，要改变军品科研和民品科研平行管理的现状。科研信息共享是融合的前提，一方面是民品科研成果向军用推荐，一方面是国防需求向民品科研反馈，双向交流破解军品和民品"井水不犯河水"的格局。在统一的科研信息共享平台下，通过科研信息的交汇，发现科技成果进行军民融合转化的契机，进而联合市场主体，推进民品科研成果向军品的转化应用。

融合管理体系，要深化制度改革与管理设计。通过国防科研管理中的"放管服"改革，进一步规范、便捷国防项目的组织、申报、实施、财务、验收、转化等管理程序与标准，给科研人员"松绑""鼓劲"，吸引和促进广大科研人员参与国防科研，实现国防科研与基础科研有效结合，释放科研人员科技创新活力。

(二)加强团队建设，扩大军民融合科技创新范围

1. 科研团队建设

就高校发展而言，龙头是学科建设，根本是学术创新，而创新的

源泉来自多学科交叉融合汇聚。学科的交叉融合是科学研究、人才培养发展的必然趋势，也是地方高校开展军民融合科技创新的突破口和优势点。越是学科前沿的重大创新成果，越是国防科研的重大创新突破，越需要地方高校进行跨学科、跨领域融合攻关。

加强高校军民融合科研创新团队建设，要着力组建跨院系编制、跨学科专业科研团队。在目前的教学组织体制下，多学科领域稳定的联合研究队伍难以从高校内部自发形成，高校内院系间跨学科、跨专业的协同创新机制还需要进一步完善。人才堆叠不代表创新能力增强，只有建制化、有共同价值观和目标追求、有统一组织、能协同的队伍，才可能具备从 0 到 1 的创新能力。建设国防科研团队，要以重大任务为牵引，依托国家、省部重点实验室、工程技术研究中心、前沿科学研究中心、研究基地、集成攻关大平台等高水平创新平台，打破地方高校内部各学科之间的藩篱，赋予团队负责人更大的自主权、更灵活的组织方式来打造攻关团队。在机制上，研究资源配置一体化、系列化、可持续化；在政策上，在重大人才推荐、研究生招生计划、优秀毕业生留用等方面设置特区，加大对国防科研团队的倾斜支持。要打破传统的以院系、学科为单位的科研组织体系，逐步消除单打独斗、资源分散的弊端，在国家战略和政策的支持下，努力构建并形成一批高水平的军民融合科研创新团队，进而在进行科技攻关和创新型科技项目中彰显出巨大优势。

2. 管理队伍建设

在"双一流"背景下，高校军民融合科研管理人员队伍的建设对提高高校军民融合科研管理工作的效率和质量有至关重要的作用。

高校要重视科研管理人员专业水平的提高。在科研管理工作中，要根据现有科研管理人员的水平，开展军民融合政策以及科研管理方面的学习或者培训，通过学习或培训，使科研管理人员掌握先进的科研管理工作技术，提高科研管理人员的专业水平。高校可以定期组织军民融合科研管理人员到先进的高校进行实地学习和考察，学习先进高校军民融合科研的管理方法和技能，不断提高管理人员的专业水平。可以建立军地人才双向交流机制，通过项目协作、兼职挂职、双向聘用等方式，引导地方高校的优秀人才进入军民融合科技管理领域，推动军民人才资源深度融合，促进共享共用协同创新。通过制定特定的、有目标、有侧重、精准化的科研发展规划，促进军民融合领域有组织的科研创新。

另外，高校要加强技术和资金的支持。在军民融合科研管理工作开展过程中，高校要制定明确的资金和技术支持制度，根据军民融合科研管理工作开展的情况，适时引进一些先进的技术和设备，为军民融合科研管理工作提供坚实的物质支持。

（三）改革评价体制，释放军民融合科技创新活力

在我国高校现行的科研评价体系和职称评审政策中，经费、论文、专利、奖项处于核心地位，促使科研人员对论文、奖项数量的重视程度颇高。现有政策大多忽略了科研成果的质量及技术成熟度，而这恰是国防科研比较重视的。高校现有政策与军方评价机制之间的矛盾，不利于调动教师参与国防科研的积极性，影响了军民融合科技创新的深入发展。

因此，为深入开展军民融合科技创新，高校应进行科研评价体系改革，弱化以论文为核心、项目为王、奖项为大的考核指标，针对团队式、合作式、长周期、任务导向型的科研活动建立以创新、质量和效用为导向的科研学术评价体系，用好科研评价激励"指挥棒"。用品德、能力、业绩标尺，克服"唯论文、唯职称、唯学历、唯奖项"倾向，注重代

表性成果的质量、贡献和影响，将产出军工成果、提升国防能力、产生重大影响等纳入职称评审和科研评价的范围，突出原创性国防基础研究。在科研人员绩效考核、评优评奖、晋职晋级时，将国防科研项目产出的成果作为重要的考核指标，充分认可国防基础科学研究的原创性，与通用学科的基础研究同等对待，充分调动广大科研人员参与国防科技创新的主动性、积极性，促进高校科研人员潜心开展颠覆性、高精尖、可转化的基础研究，产出更多高质量的国防科技成果。

三、结　语

综上所述，地方高校要从根本上提升军民融合发展能力，深刻理解国家战略、增强创新意识、提升国防科研管理水平是必要条件。国防科研管理人员要把军民融合科技创新与"双一流"大学建设结合起来，通过客观了解、综合掌握并正确处理在国防科研管理工作中出现的情况，不断完善国防科研管理机制，激活科学研究资源，才能更好地服务国防，服务国家。

◎ 参考文献

[1]梅丹.地方高校科研管理存在的问题及其创新措施[J].科技资讯，2022，20(10)：174-176.

[2]邵妍.军民融合协同创新障碍因素及对策研究[J].科学管理研究，2018，36(3)：9-12.

[3]潘娜，李晖，李杰，等.军民融合形势下民口高校国防科研评价制度探索研究[J].国土资源科技管理，2017(5)：90-95.

[4]李轮，王瑞娟，等.军民融合战略视角下民口高校国防科研管理研究[J].江苏科技信息，2020(13)：20-23.

高校院系加强科研管理服务工作的思考

王兴文

武汉大学物理科学与技术学院

摘要： 近年来，随着国家创新驱动发展战略、科教兴国战略、人才强国战略等不断深入推进，科技管理体制机制改革也不断深入，高校科研的规模实现了快速发展。而与之相对应的，院系科研管理服务队伍和模式变化还不明显，管理的专业化、服务的精准化、信息的对称化等方面，距离广大科研人员的需要和科技工作快速发展的要求还有一定差距。科技管理工作者要辩证处理好管理与服务的关系，不断提高业务能力，提升工作效能；院系应建立和完善科研组织体系，充分发挥学系和学科带头人的作用；切实以便捷服务为导向，不断加强信息化建设，加强信息互通共享，构建全校一盘棋的信息化网络。

引　言

党的十八大以来，习近平总书记高度重视科技创新，特别是基础研究，围绕破解"卡脖子"难题、将科技发展主动权牢牢掌握在自己手里作出了一系列重要论述。2022 年 6 月，习近平总书记在湖北省武汉市考察时强调，"科技自立自强是国家强盛之基、安全之要"。今年4月，习近平总书记在广东考察时强调，"实现高水平科技自立自强，是建设中国式现代化的关键"。科技创新既是社会主义现代化建设的迫切需要，也是研究型高校的重要职责之一。当前，我国国家重点实验室中60%以上建在高校，超过60%的高层次人才集聚在高校，国家自然科学基金项目超过80%由高校承担。"十三五"以来，超过70%的国家自然科学奖和国家技术发明奖，超过60%的国家科学技术进步奖由高校获得；在评选出的历届"中国科学十大进展"中，高校牵头完成的超过50%。①

高校的科学研究在破解关键领域"卡脖子"技术、培养高水平创新拔尖人才、推进"双一流"建设方面发挥着重要的支撑作用。高校科研工作主体为院系和科研机构，院系和科研机构的科研组织和管理服务效能一定程度上影响着高校科研工作的有序开展。提高院系科研管理服务的能力和水平，是实现高校科学研究提升水平、扩大规模的必然途径，更是高校深化改革、实现高质量发展的迫切需要。

一、高校科研管理服务工作存在的主要问题

近年来，随着国家创新驱动发展战略、科教兴国战略、人才强国战略等的不断深入推进，科技管理体制机制改革也不断深入，高校科研规模实现了快速发展，而与之相对应的是，院系科研管理服务队伍和模式变化还不明显，管理的专业化、服务的精准化、信息的对称化等方面，距离广大科研人员的需要和快速发展的科技工作要求还有一定差距。

---

① 中华人民共和国教育部科技司."十三五"以来，高校高水平研究成果集中涌现[J].教书育人（高教论坛），2020（36）：51.

1. 专业化程度不够

科技管理服务工作要求既要熟悉、了解国家科技部、自然科学基金委等主管部门的相关政策和工作要求,又要熟悉本单位科研人员的研究领域和最新进展,同时对高校科研和财务工作的规章制度了然于心。然而,由于高校管理干部的选拔任用和考核评价激励机制等因素影响,科研管理队伍人员流动性比较高,能深入钻研科研管理服务工作内在规律的更是凤毛麟角,导致院系层面科研管理服务工作沦为"传声筒""收发员",科研管理效能没有得到有效发挥和体现。

2. 精细化程度不够

有组织科研早已成为现阶段申报和实施重大研究项目的必要条件。"有组织"的前提是精准判断项目需求,精确联系对应的研究人员。精细管理申报和实施的重要环节和过程。在实际工作中,科研管理服务人员往往缺乏精细化管理的意识和能力,将申报指南和工作通知在单位工作群里"一发了之";大多数教师党支部和学系也没有很好发挥组织协调的功能,致使学校和学院层面对开展有组织科研缺乏有效的抓手和实现路径。

3. 科学化程度不够

近十年来,高校各部门的信息化进程明显加快,各类信息系统、申报系统、管理系统层出不穷,在一定程度上减少了办事的流程和环节,但高校各部门也因为系统在人性化、科学化以及稳定性方面存在的问题而饱受诟病。究其原因,各系统间的数据互通和协同联动还不通畅,信息滞后、数据孤岛的现象普遍存在;系统设计的出发点往往是以管理为本而非以人为本,同时系统建设又是"一锤子买卖",缺少针对性的更新维护和优化完善，致使便捷服务的作用发挥不明显。

二、工作思考和改进建议

综上，高校院系和科研机构可从以下几个方面积极探索，进而不断提升科研管理水平，提高学术服务效能，以高水平的管理服务为学校科学研究的跨越式发展作出应有贡献。

1. 打铁还需自身硬，打造高素质科研管理服务队伍

院系和科研机构的科研管理服务人员发挥着连接科研人员和学校职能部门的纽带作用，是申报各类项目、开展交流合作的"必经之路"，其工作效率的高低、能力的强弱直接影响本单位科研工作能否有效组织和有序开展。因此，学校科研管理部门和院系科研机构均应选优配强科研秘书，加强教育培训，确保"交通枢纽"的畅通，避免形成"梗阻"。

（1）坚持以人为本，辩证处理好管理与服务的关系

坚持以人民为中心是我们党的一项重要原则，在从事科研管理服务过程中，也要坚持以人为本，以科研人员为中心。在行政事务中，"管理"与"服务"往往一同出现，甚至互相混淆，实际上二者有所不同。一是工作对象不同。在汉语词典中，"管理"的主要意思为"负责某项工作使顺利进行"，而"服务"的主要意思为"为集体（或别人的）利益或为某种事业而工作"。可见，在科研管理和服务工作中，管理的主要对象是某项业务，而服务的对象是人。二是工作中所处位置不同。一定程度上来说，管理是强势而主动的，服务是弱势而被动的。这些不同将导致工作中的态度、目标也会有所差异。在科研组织工作中，既有管理的内容，也有服务的内容，我们必须清醒地处理好管理和服务

的关系，既不能以管理的姿态强势地"服务"科研人员，这会导致"门难进、脸难看、事难办"；也不能以服务的姿态弱势地"管理"业务工作，这会导致不坚持原则，不坚守底线。

（2）加强业务培训，提高管理服务能力

理论指导实践。科研管理工作者的服务意识是做好高校科研管理工作的"软实力"，而业务能力则是"硬实力"。高校科研管理服务人员仅仅具有主动服务的意识是不够的，还要不断提升自身的业务能力。高校应从学校层面加强科研管理业务知识培训的组织和统筹。①

一方面，通过培训使科研管理人员掌握国家、部委和学校在科研管理方面的相关政策，能够准确把握政策精神，并贯彻落实在具体业务中，保证各项工作规范合理。尤其是校级科研主管部门的行政人员，应具备指导院系科研人员及管理人员的能力，对于申报各类项目的具体要求、撰写申报书的注意事项、登记和管理科研成果等业务工作加强联系和指导。

另一方面，随着高校二级管理体制的不断深化以及人员的交流轮岗等客观因素，高校科研主管部门也应加强对院系等一线科研管理服务人员的业务知识培训，综合采用讲座、座谈、集中培训等形式，灵活组织科研秘书学习相关政策要求、工作流程、操作规范等，进而打造一支精干的科研管理服务队伍。

2. 建立和完善科研组织体系，充分发挥学系和学科带头人的作用

目前，学校科学研究组织工作多以"学校发布通知—科研秘书转发通知—科研人员个人申报—学院审核推荐"为主。一方面，科研多以"单兵作战"为主，有组织科研的意识和力度不够；另一方面，学院或

---

① 张慧玲，周晓光. 高校科研管理效能提升路径的探析[J]. 中国林业教育，2022（40）：19.

科研机构内部参与科研组织、管理、服务的力量还比较单薄，科研组织的体系和形式不够立体、丰富。

(1)从单位层面加强研判，加强组织和引导

2022年7月，教育部科学技术与信息化司司长雷朝滋在"十年来高校科技创新改革发展成效的新闻发布会"上指出，教育部将着力加强有组织科研，加快打造国家战略科技力量，为建设世界重要人才中心和创新高地提供有力支撑，加快推进实现高水平科技自立自强。① 作为教育部直属"双一流"高校，我们更应该将其作为科研管理服务工作的指引和准绳。

学院要瞄准国际科技前沿和国家重大战略需求，加强统筹谋划，从过去"想干什么就干什么、能干什么就干什么"转变为"国家和社会需要我干什么我就干什么"。坚持"四个面向"，根据发展需要建设大平台，依托大平台组建大团队，鼓励长期持续攻关。支撑基础研究实现重大原创突破，为建设科技强国、教育强国奠定坚实基础；促进满足国家战略需求的技术创新不断涌现，提升我国产业发展的核心竞争力，支撑经济社会高质量发展。

(2)发挥学科带头人、研究方向带头人和系主任的作用

学院领导班子难以兼顾各个学科方向的发展需要，也无法精准了解每个学科的发展需求。学科和研究方向带头人、系主任应承担起"带头人"的作用，把握学科发展方向，制定学科发展规划，推进实施重要发展举措，特别是对本学科领域急需的人才、亟待加强的方向，要有清晰的认识和思路，与学院领导班子一起有针对性地、精准地建设学科。

此外，服务国家重大战略需求，党员教师责无旁贷。而教师党支

---

① 教育部政府门户网站. 瞄准国际科技前沿和国家重大需求 教育部加强有组织科研, 2022.

部在科研组织方面的主体作用和平台作用亟待加强，党建与业务工作"两张皮"的现象长期存在。在"一融双高"新时代党建工作要求的背景下，教师党支部应积极探索发挥党支部的战斗堡垒作用，通过邀请专家报告辅导、围绕项目申报指南组织交流研讨、为年轻教师提供支持帮助等形式，加强党支部教师间的交流，不断提升凝聚力、向心力，促进在重大项目、重要奖励、顶级文章等方面不断产出标志性成果。

3. 树立科学管理理念，建设先进的信息系统

信息技术的快速发展带动我们的管理服务工作方式产生了巨大变化，以数字支付为代表的信息技术极大方便了我们的生活；然而校内的各类信息系统却令教师们苦不堪言，种类繁多、操作繁琐、极不稳定等负面评价比比皆是。究其原因，一是系统开发时多从管理者的角度出发，而非便捷服务；二是系统验收之后，缺乏长期的改进优化；三是不同部门、不同系统间的数据孤岛现象普遍，重复填报、更新滞后、信息不一致等问题严重。

（1）切实以便捷服务为导向，不断加强信息化建设

信息系统"贵在精，不在多"，在开发建设和更新维护信息系统时，应以提升整体工作效能为导向，既要考虑规范管理的需要，更要以信息化建设为契机，进一步优化工作流程，切实达到便捷、高效的目标。同时，搭建信息系统时要特别注意系统中审核（审批）流程的必要性和可行性分析，确实可以在系统中审批的，应取消线下审批材料和流程，避免"多一套系统多一套流程"、增加双倍工作量的情况；对于必须线下审批的流程，不应列入系统，或在系统中仅作信息的记录和保存。

（2）加强信息互通共享，构建全校一盘棋的信息化网络

一是加强信息系统规范管理。新建信息系统立项应广泛征求意见，并由信息中心组织论证和统一审核，落实集约建设、整合共享、安全

保障等要求。二是推进信息系统深度整合。制定信息系统开发运行的统一规范，加强信息系统深度整合和集约管理；推动统一开发管理，明确信息系统的技术框架、数据规范和接口标准；推动统一运维保障，实现信息系统集中运维和安全防护。三是促进应用服务创新发展。推进各平台间的数据互通共享，并制定整体工作规划，做到应联尽联，逐步消除公共数据信息孤岛，构建全校一盘棋的信息化网络。

提高高校二级学院科研管理能力的思考

谈 弋 谭 骏

武汉大学药学院 武汉大学泰康医学院(基础医学院)

摘要：高校二级学院的科研管理，在科研项目申报、经费管理和过程管理、教师的科研工作量考核等各个环节具有重要的作用，是高校科研管理工作重要的组成部分。科研秘书为科研人员提供服务，其个人工作能力和服务质量的提高，都将直接影响本单位的科研水平和科研质量。提高科研秘书的工作能力和素质，充分调动科研秘书的工作积极性，是高校和所辖二级学院需要重视和解决的问题。

引 言

当前，我国已经开始第十四个"五年计划"，高质量发展对科技创新提出了更加紧迫的要求。2021年5月，习近平总书记在全国院士大会上说："新一轮科技革命和产业变革突飞猛进，科学研究范式正在发生深刻变革，学科交叉融合不断发展，科学技术和经济社会发展加速渗透融合。""加强基础研究是科技自立自强的必然要求，是我们从未知到已知、从不确定性到确定性的必然选择。"①

"十四五"时期是武汉大学深化教育改革、推进高质量内涵发展、加速实现"双一流"建设目标的关键期和重要战略机遇期，也是武汉大学医学学科进一步凝练方向、整合力量、实现跨越式发展的重要机遇期。为加快推动武汉大学医学临床学科与药学等优势特色学科交叉融合落地落实，切实深化以新药研究和临床问题为导向的科研组织模式创新，加快促进高水平基础研究和临床研究力量整合，实现医学与药学研究、基础与临床研究一体化、高质量发展目标，基层科技管理人员是高校科研管理的重要组成部分，发挥着不可忽视的重要作用。要把握好自己的角色，准确定位自己，更好地为高校和科研人员服务，提高高校的科研管理能力和科研能力。

一、科研管理岗位职责

承担学院科研管理工作。及时传达学校及科技管理部门下发的各类文件、通知，并协助主管副院长组织实施。负责学院各类科研项目（包括重点研究计划、科技创新重大项目、国家科技重大专项、国家自然科学基金、省自然科学基金、市科技项目、高校自主科研项目等）、基地平台（国家重点实验室、国家工程技术研究中心、省部级重点实验室和工程中心、省部创新团队等）、成果专利和奖项的申报工作；做好各类科研项目、基地平台的过程管理、总结验收、评估工作；协助做好学院各类科研项目、基地平台的经费上账、使用和监督管理工作；做好科技成果的宣传与推广工作；做好各类项目评审的专家推荐工作

---

① 习近平. 在中国科学院第二十次院士大会、中国工程院第十五次院士大会中国科协第十次全国代表大会上的讲话［EB/OL］.（2021-05-28）［2023-06-06］. https：//www. gov. cn/gongbao/content/2021/content_ 5616154. html.

和科技统计工作；配合主管部门做好各类项目的成果调查跟踪和经费审计工作；做好各类学术活动的服务工作；做好年度项目数和到账经费数以及专利成果的统计与核对工作。

（一）国家自然科学基金的申报管理

国家自然科学基金委在 2021 年进行了布局改革，基本原则是"源于知识体系逻辑结构、促进知识与应用融通、突出学科交叉融合"，将原有的几个科学部整合为 4 个大的板块，分别为基础科学板块、技术科学板块、生命与医学板块和交叉融合板块。其中，基础科学板块是由原来的化学、数学物理、地球科学部等三个学部整合而成，技术科学板块则是由原来的信息科学部和工程与材料学部整合，生命与医学板块是由原生命、医学科学部的主要部分构成，而交叉融合板块则是原来的管理、交叉科学部的主要部分。

新的管理办法给予依托单位和科研人员更大的经费使用自主权。简化预算编制方案，只需按设备费、业务费和劳务费三个大的科目进行编制预算；将预算调整的权限进行下放，由依托单位审核设备费预算的调剂申请，其他费用（业务费和劳务费）预算直接由项目负责人根据实际情况进行调剂。扩大包干制的实施范围，在原仅杰青基金项目的基础上，现将青年基金和优青基金等项目也纳入包干制的实施范围。

增加对研究人员的激励。一是提高间接费用的比例，最高可达到 30%，科研人员可从间接费用中提取个人绩效。二是扩大劳务费的开支范围，除了从事本项目研究的研究生和博士后以外，还可列支该项目聘用人员的社会保险补助和住房公积金等费用。三是项目结题后结余资金不再回收，留归依托单位统一统筹使用。

（二）省自然科学基金和其他纵向项目申报管理

提前谋划组织下一年度重点项目指南推荐工作，省级项目和其他一些纵向项目往往限项申报，特别注意"申报条件""限项申请规定"以及"不受理项目申请情形"有关内容。要求学院在相关通知或指南要求下在院内进行组织、评审，推选出合适的项目。

（三）横向科研项目的管理

横向科研项目及经费一般是指学校对外开展科技服务活动从相关政府或相关职能部门和企事业单位取得的，按合同约定进行管理的各类非财政性科技资金的项目和经费，包括企事业单位根据合同提供的科学研究、技术服务、技术开发、决策咨询、科技咨询、管理咨询等方面的项目及经费。

学院派专人按相关合同的要求，对项目合同内容和条款进行审核并提出修改意见和建议。明确项目内容、要求和方式、范围等，以及合同履行过程中计划、进度、期限等，其他还包含有保密和风险责任的条款、验收标准，项目经费及支付方式，相关知识产权和研究成果的归属，违约责任和争议解决的办法等。

二、基层科研管理人员的要求

（一）立德树人、科研诚信，有良好的职业道德修养和正确的价值观

要培养良好的职业精神，热爱本职岗位，有热心服务师生的精神和实际行动。为人要正直，工作勤奋、积极主动、有较强的责任心，

做领导的好帮手。

(二)具备扎实的基本业务素质和能力

能够阅读科研人员撰写的申请材料并提供建设性指导或建议,了解国家重大战略需求和其他政府职能部门的需求,熟悉国家、地方和学校的各种科研管理政策和精神,详细了解各种项目申请指南和管理方法,熟悉学院各学科或研究方向、专业领域的优势和特点,充分了解学院的科研能力,能对本单位科研人员项目的申请和管理起到指导作用,从而提高项目的申报与应用的质量。

(三)不断学习和了解最新科研申报和管理的相关政策

社会在变,时代在变,科技在更新,与科研相关的政策也在变,这就要求我们一线科研管理人员要有思考与创新,在学习和工作中不断提高自身的修养与能力。

三、目前存在的一些问题和不足

(一)工作能力有限

虽然是在高校,但有的二级学院科研秘书往往只能起到一个上传下达的作用,在实际工作中很难做到指导或引领。

(二)队伍不稳定,上升空间小

一些二级学院没有专职科研秘书或是聘用人员临时担任,在实际工作中要么分心,要么工作动力不足。这也导致人员流动大,影响管理成效。

四、学院政策支持与保障

(一) 建设院级大型仪器共享平台

积极利用好校级公共的设备仪器平台，根据学院的需要和特点，建立院级仪器平台并安排专人管理。减少科研人员硬件经费投入，避免重新购置。鼓励项目组科研人员将自购的设备纳入院级共享平台，提高仪器设备的使用效率。

(二) 出台激励政策，鼓励科研人员申报纵向项目、加强横向合作

对部分项目给予经费配套或招生政策的支持，将科研项目的申报与获批、科研成果的专利申请与转化等纳入本单位的奖酬体系。

(三) 严格科研经费的管理

严格按照学校的相关文件执行，针对学院的实际情况，出台与之配套的方案和政策，并组织项目组实验室的科研助理或财务助理开展经费政策解读和财务系统使用培训。通过培训引导项目组按计划、按预算执行科研经费；宣传间接费用的使用、科研绩效的提取、结题剩余经费的使用等政策。督促项目组按照项目任务书、合同要求完成研究工作。配合学校管理部门进行项目立项、合同签订、结题验收等管理工作。

(四) 加强科研诚信教育

科研人员应加强主体意识、责任意识、诚信意识，恪守科学道德

准则，遵守科研活动规范，践行科研诚信要求。营造严厉打击科研失信行为的高压态势，建立科研不端行为调查处理结果公开通报常态机制，加强警示教育，持续释放对科研失信行为"零容忍"的强烈信号，形成强有力的震慑。

五、总　　结

在新形势下，随着国家科技投入的不断增加，高校科研经费也在逐年大幅提高，科研管理工作从职能部门的管理向二级学院或基层科研机构转移，二级学院在高校中的管理作用也将更重要，他们既是科研活动的组织者，也是科研管理工作的具体执行者，他们处于管理与服务的中间，发挥着多方协调的作用。高校和二级学院应重视基层科研管理人员的培养，有目的地进行队伍建设，为从事科研管理的相关人员提供更多的学习和交流机会，提高管理专业化水平。适当加强科研管理人员的激励，促进科研管理队伍的稳定，在科研管理队伍中选聘高素质、高学历的优秀人才，强化科研服务意识、先进管理理念，以期促进学校、学院和学科的发展。

◎ 参考文献

[1]习近平. 在中国科学院第二十次院士大会、中国工程院第十五次院士大会中国科协第十次全国代表大会上的讲话[EB/OL]. (2021-05-28)[2023-06-06]. https://www.gov.cn/gongbao/content/2021/content_5616154.html.

[2]徐军. 高校二级学院科研秘书岗位服务及改进措施研究[J]. 现代交际，2021(3)：161-163.

［3］刘原. 高等学校科研秘书工作的若干思考［J］. 科教导刊（中旬刊），2019（8）：18-19.

［4］钱秀萍. 研究型大学院二级科研管理的探索［J］. 科技视界，2019（8）：133-134.

［5］王钢钢，张琦. 二级学院科研秘书的角色定位［J］. 中国高校科技，2013（S1）：49-50.

［6］寇景，李培培. 浅谈高校二级学院科研管理工作的现状及优化［J］. 化工时刊，2021（8）.

［7］韩文静，张海翎. "双一流"建设背景下高校科研秘书工作意识探析［J］. 教育教学论坛，2019（49）：17-18.

研究生科研成果产出激励机制研究

马 亮

武汉大学经济与管理学院

摘要：研究生是我国科技创新领域的后备力量，其科研素养培养及科研成果产出提升对我国建设创新型国家具有重要现实意义。研究生积极参与国家重大项目和重大技术研究，在推动科技进步和经济社会发展方面至关重要。基于此，聚焦研究生科研成果产出激励机制研究具有重要价值和意义。本文指出研究生在成果产出中存在的问题，分析原因并研究提升其成果产出的方法，从而推动研究生教育高质量发展。

引　言

《国家中长期教育改革和发展规划纲要（2010—2020 年）》中明确提出要提升研究生科研水平，充分发挥研究生在科学研究中的作用，发挥高校在国家创新体系中的作用，全面提高培养质量成为当前我国研究生教育改革的重要指向。① 研究生培养质量高低与我国高层次

---

① 《中华人民共和国学位条例》。

人才培养存在密切联系，牢牢把握研究生培养质量这一关键环节是提升我国整体科研水平的关键环节，研究生作为科研队伍的生力军，为国家发展和科技进步作出重要贡献。因此，培养高层次创新人才是研究生教育的重点，研究生教育是高校的中心工作，研究生质量的提升是高校实现高水平发展的关键，作为研究生教育质量高低评判标准之一的研究生成果质量对于提升国家教育水平和科技能力来说意义重大。

随着社会和经济的高速发展，国家对高层次人才的需求加大，培养更多具有创新能力的高层次人才是国家发展的必由之路。国务院学位委员会发布的《学位与研究生教育发展"十三五"规划》指出，"为适应新时期经济社会发展对高层次人才的需求，要全面提高研究生教育质量"。① 本文指出学术成果产出存在的问题，分析学术成果产出不高的原因，从而提出相关意见和建议，以期推动研究生学术成果的产出和高层次人才的培养。

一、存在的问题

作为评价研究生科研综合素质高低重要准则的科研能力的培养是高校研究生教育的重要环节。吉林大学赵俊芳教授等人指出："研究生的科研态度绩效总体处于较高的水平，学生对于从事科研工作抱有积极肯定的态度；科研行为绩效水平总体处于较高水平，研究生对于参与科研活动有较高的积极性和参与性；但科研成果绩效表现不理想，

---

① 李效龙，王敏，奚彩萍. 基于导师团队模式的研究生创新能力培养探索与实践[J]. 科技视界，2021(1)：93-95.

学生论文发表的数量和质量都处于较低水平。"①这也和郑州大学谷振清教授关于高校人文社科类研究生学术成果产出现状及提升对策研究中②的研究结果一致。尽管研究生的科研创新能力和科研成果产出较以往得到了重视，但我国研究生科研成果产出仍存在以下问题亟待解决。

1. 课程体系需优化

高校课程体系对研究生科研创新能力的培养发挥着极重要的作用，但目前我国研究生培养中的课程体系还存在不够科学的情况。一是课程建设需加强。优质的课程建设不是一劳永逸的事情，而是一个长期、不断调整的过程。部分高校基础通开课不区分专业共同开课的设置忽视了不同专业领域研究方法的差异性，导致教学效果不够理想；个别课程内容相对滞后，部分课程教学内容设计跟不上学科前沿方向。二是课程标准需统一。高校专业课程设置类别多样，对于同一门课程，不同授课老师的考核及评分标准无统一要求，同一课程不同老师要求及课程重难点不一致，故课程安排存在随意性、自主性、标准不统一问题。三是过程设置需完善。为了完成授课任务，开课较多，且主要集中在前三个学期，导致学生忙于上课无时间科研，后三个学期又忙于实习不愿做科研。很多学生一年级修完大部分课程，二、三年级外出实习，学生在校时间少，不利于专业科研训练的强化和师生交流的增进，故学生培养过程设置有待进一步完善。

———————

① 夏逗逗. 学术型硕士研究生科研绩效现状及其影响因素分析[D]. 长春：吉林大学，2023.

② 孙梦珍. 高校人文社科类硕士研究生学术成果产出现状及提升对策研究——以Z大学为例[D]. 郑州：郑州大学，2021.

2. 机制体制需创新

首先，在培养方法上，还是以本科生教育标准来指导学生，教授知识的手段还是以课堂讲授为主，内容也以课本理论知识为主，没有体现出创新的要求。其次，在研究生科研实践平台建设方面投入不够，这主要体现在实验室建设方面，有的高校实验室建设重视不够，实验建设跟不上时代发展的要求，无法满足研究生研究的需要。最后，在研究生科研评价机制方面，目前大多数高校通过论文、专利等成果的具体指标来量化考核研究生，并将此与奖学金评定、优秀毕业论文等挂钩，这虽然在一定程度上增加了科研成果数量，但也不可避免地会诱导学生重数量、轻质量，导致科研成果质量下降，进而限制其科研创新能力的发展。

3. 目标动力待加强

一是创新积极性不足。不少研究生读研只是为了找份好工作，只想早点顺利毕业，很难有坐下来细心研究的耐心和动力，个人见解和独立思考不够，研究缺乏创新性。二是科研上不够主动。部分学生为了找到更好的工作，更多地参与实习或者社团活动，参与科研活动的积极性不高，存在研究目的不明确、独立思考能力弱等问题。三是原创性研究较少。由于缺乏科研创新能力，研究生对于研究过程中的问题不会深挖，仅是跟随前人做重复性的工作，这不利于其创新能力的培养和潜力的挖掘。

二、原因分析

1. 顶层设计不够

很多导师重科研、轻教学，认为研究生更多在于科学研究，故不重视教学和培养过程，在培养方案制定中花费时间不够，培养方案修订也主要是在原有方案上修改，以教师来设定课程，因人设课、因人选课现象时有发生，造成课程与学科前沿相差较大，学习内容联系实际不够，学用脱节；在培养方案落实过程中忽视了"既把握普遍性，又着眼于其特殊性"的原则，对学科整体规划思考不够，顶层设计不足，课程设置和教学内容设计未能充分考虑不同专业学生培养方向的差异性，学科培养缺乏特色，难以实现因材施教、分类指导。

2. 过程管理不严

当前研究生就业相较以前难度略有增加，为了找到好工作，不少研究生在找工作方面投入较多时间，从事科学研究的时间和动力不足；毕业要求和指标分配等原有政策改变不多，已不能适应当前情况和工作实际，而新政策必定会损害原有师生的既得利益，为了不得罪人或者不愿多得罪人，部分高校并未严格按照政策执行，严格过程管理较弱，政策执行"宽松软"现象在一定程度上存在。

3. 育人合力不足

首先，导师指导作用仍需加强。随着教育水平的提升和社会发展，研究生招生规模日益扩大，导师指导的学生人数也随之增多，师生比降低，导师指导研究生的精细化程度不够；部分教师社会工作和事务日益增多，导师指导学生的精力和时间减少，静心研究科研前沿的时间和精力减少，细心指导的认真程度有所削减，不利于科研成果的产出。其次，教辅人员作用发挥不够。部分工作人员尽力但不够尽心，解决研究生长期存在的问题推进力度不够；面对工作中出现的新情况新问题，缺乏积极探索解决方法的意识和勇气；工作中存在无为而治、因循守旧，懒得思考问题，一些改进措施未能尽快落实，导致在工作开展中出现困难。

三、工作建议

1. 树立正确科研理念

树立正确的科研观念是培养研究生科研创新能力的关键。要将研究生培养成既有研究水平又有崇高精神的创新型研究者，引导树立成为大师大家、国之栋梁的理念，为实现中华民族伟大复兴提供坚实的后备军；培养老师、行政教辅人员树立好"立德树人"的责任意识，把守初心、担使命、找差距、抓落实贯彻到工作实际中，自主自觉思考研究生培养过程中出现的问题，及时贯彻落实相关政策措施，积极探索改进研究生培养质量的方式方法，提升研究生科研能力。

2. 加强培养体系建设

完善培养方案，深化培养机制改革。培养方案突出新时代特点，在师资配置和课程内容方面适当调整，重视强调研究生培养科研能力导向，为研究生创建良好的学习环境。突出学科特色，加大导师指导学分，促进保研后提前选导师进入研究等方式创新，让学生有更多的时间跟导师做科研，增强研究的兴趣和积极性，增强师生互动的同时提高研究生科研水平。加大课程建设力度，改进课程管理体系。针对培养方案设置的课程数量、考核和评分标准不统一的问题，全面统筹、统一规划，建立健全统一的课程管理体系。紧跟时代需要，对研究生课程进行重新调整，取消或合并部分重复、陈旧的课程，根据专业需要和学科特色优化和更新课程教学内容设计，积极推动课程内容紧跟科学前沿、高水平成果，强调结合在研的科研项目授课，进一步加大理论与应用相结合。

3. 营造良好的科研氛围

良好的基础设施、完善的科研条件、高水平的师资队伍和自由的学术交流是培养和提高研究生科研创新能力的先决条件。① 加强学术交流。定期邀请国内外相关领域的知名专家进行学术讲座，鼓励研究生积极参与形式多样的学术交流活动。强调绩效导向。合理的评价机制有利于吸引优秀的生源。在研究生招生中，加大高水平论文等关键指标占比，重视研究能力强、科研潜力好的优秀学生选拔，重点挑选有科研潜力的学生，加大硕博连读支持力度，优化硕博培养模式，提升研究生招生质量。加大激励力度。在研究生指标分配中，加大对研究成果好、科研水平高的教师的激励，对发表高水平论文的研究生进行奖励，这些都有利于研究生高水平成果的发表，提高硕博连读学位申请资格论文标准，全方位多角度提升培养质量，提高研究生的科研创新能力和科研产出率。

---

① 高蕾，等."双一流"背景下提高基础医学研究生科研创新能力的思考[J].创新创业理论研究与实践，2021(7)：56-58.

　　研究生教育是我国高等教育的最高层次，其培养质量关乎国家发展的核心竞争力。提高研究生的科研创新能力，顺应时代和社会发展的需要，符合人才强国战略。高校应不断分析和总结研究生培养中的问题，探索培养研究生科研创新能力的新模式，提升科研产出能力和水平，为国家和社会培养更多的优秀人才。